rororo

«Es geht also doch. Man kann locker und unterhaltend über Bücher schreiben, selbst über so anspruchsvolle Titel wie ‹Der Prozess› von Franz Kafka und ‹Warten auf Godot› von Samuel Beckett. Beigbeder gelingt das Kunststück.» (NDR)

«Man liest die 50 kurzen Texte leicht und lächelnd.» (Stuttgarter Nachrichten)

«Beigbeder fasst die Bücher, über die er spricht, erfrischend locker zusammen und stiftet triftige intertextuelle Bezüge. Am Ende zeigt sich, dass sein routinierter Umgang mit vermeintlich sanktionierten Werten nicht nur alberne Aperçus zu produzieren in der Lage ist, sondern durchaus in der bedeutsameren Tradition eines Perec, eines Queneau, eines Roubaud stehen kann.» (Neue Zürcher Zeitung)

Frédéric Beigbeder, geboren 1965, lebt als Schriftsteller und Kritiker in Paris. Er arbeitete zehn Jahre lang als Werbetexter, bevor ihm mit dem Roman «Neununddreißigneunzig» (rororo 23324) ein spektakulärer internationaler Erfolg gelang. Im Rowohlt Taschenbuch Verlag liegen auch seine früheren Romane vor.

Frédéric Beigbeder

LETZTE INVENTUR VOR DEM AUSVERKAUF

Die fünfzig besten Bücher des 20. Jahrhunderts

Deutsch von Juliane Gräbener-Müller

ROWOHLT TASCHENBUCH VERLAG

Die Originalausgabe erschien 2001 unter dem
Titel «Dernier inventaire avant liquidation» bei
Éditions Grasset & Fasquelle

Veröffentlicht im Rowohlt Taschenbuch Verlag,
Reinbek bei Hamburg, Februar 2004

Umschlaggestaltung any.way, Cathrin Günther
Druck und Bindung Druckerei C.H. Beck, Nördlingen
Printed in Germany
ISBN 3 499 23286 3

Die Schreibweise entspricht den Regeln
der neuen Rechtschreibung.

To the happy many

«Und Marie, seine Liebe, war nun wie die Plattenhüllen und die vergilbten Fotos, und dieser Vintage-Look und dieses Lächeln von gestern, und die ganze Schönheit der Welt; der Welt von Vincent, der tot war und der langsam verfaulte, und es gehörte zum Wesen des Menschen, die verblassende Schönheit und die verlorenen Paradiese zurückzuhalten. Und mit der Kunst verhielt es sich mittlerweile wie mit allem anderen, sie war tatsächlich wie die Nägel eines Toten. Die weiter wachsen – auch nach dem Tod.»

Patrick Eudeline, letzter Absatz von
Ce siècle aura ta peau, Florent Massot 1997

ICH BIN UNSCHULDIG

Wozu sind Kalender, Geburtstage, Jahrtausendwenden gut? Zum Altern, d. h. zum Bilanzieren, Ordnen, Aussortieren, Sich-Erinnern. Jahrhunderte bieten sich an, um die Geschichte der Literatur zu erzählen. Da ist das 18. Jahrhundert, das Zeitalter der «Aufklärung», das nichts gemein hat mit dem 19., dem der «Romantik», später des «Naturalismus». Und das 20. Jahrhundert, wie sollte man das nun bezeichnen? Als «modern» oder «postmodern»? «Monströs» oder «theoretisch»? «Dadaistisch», «surrealistisch», «oulipistisch» oder «trashig»? «Sterbenslangweilig» oder «lebensprall»?

In den fünf Jahren, die ich nun Literaturkritiker (bei *Elle, Voici, Lire,* dem *Figaro littéraire,* bei «Masque et la Plume» oder auf «Paris Première») bin, habe ich versucht, mit meinen bescheidenen Mitteln – der Subjektivität des Autodidakten und einem naiven Enthusiasmus – die Literatur von ihrem Podest zu holen. Für mich gibt es nichts Schlimmeres, als sie in feierlicher (d. h. verstaubter) Manier zu präsentieren, denn das Buch ist heute mehr denn je vom Tod bedroht. Ich finde, man kann das Jahr 2001 als Vorwand benutzen, als Gelegenheit, «die fünfzig Bücher des Jahrhunderts» noch einmal hervorzuholen (ohne allzu weit auszuholen). Diese Zahl, die ebenso willkürlich ist wie der Kalender, ermöglicht es uns trotz alledem, die wichtigsten (französischen oder fremdsprachigen) Romane, ein paar Essays, ein Kindermärchen sowie zwei Comic-Hefte, die das Jahrhundert geprägt haben, Revue passieren zu lassen.

Diese fünfzig Werke sind von den sechstausend Franzosen ausgewählt worden, die einen von der FNAC und *Le Monde* im Sommer 1999 verteilten Fragebogen zurückgeschickt haben. Es handelt sich also um eine demokratische und dennoch subjektive Auswahl, da diese Personen ihre Entscheidung anhand einer Liste von zweihundert Titeln getroffen haben, die vorab durch eine Gruppe von Buchhändlern und Kritikern ausgesucht worden waren. Ich habe mich ganz bewusst entschieden, bei meinen Kommentaren zu dieser Auswahl dieselbe Ungerechtigkeit walten zu lassen, mit der sie zustande gekommen ist.

Hätte ich selbst die Vorauswahl treffen müssen, hätte die Liste ganz anders ausgesehen; auf keinen Fall «vergessen» hätte ich Aragon, Artaud, Aury / Réage, Barjavel, Bataille, Besson, Bory, Brautigan, Capote, Carver, Cendrars, Cioran, Cocteau, Colette, Cossery, Dantec, Debord, Desnos, Dick, Drieu La Rochelle, Echenoz, Ellis, Fante, Frank, Gary / Ajar, Genet, Gombrowicz, Grass, Guibert, Guitry, Hamsun, Houellebecq, Huguenin, Jaccard, Jauffret, Kerouac, Kessel, Larbaud, Laurent, Léautaud, Lowry, Malaparte, Matzneff, McCullers, Miller, Modiano, Montherlant, Morand, Musil, Nabe, Nimier, Noguez, Nourissier, Parker, Pavese, Pessoa, Pilhes, Pirandello, Prokosch, Radiguet, Roché, Roth, Rushdie, Salinger, San-Antonio, Selby, Sempé, Simenon, Sollers, Toole, Toulet, Tzara, Vailland, Vialatte, Weyergans … aber das wird Gegenstand eines späteren Bandes sein … und die anderen, sei's drum, auf die bin ich jetzt sauer!

Im Fernsehen über Literatur zu sprechen ist gar nicht so einfach. Da sitzt man oft an einem Tisch mit ein paar dozierenden älteren Herren (die wegen des Gesetzes zum Rauchen und Alkoholkonsum in der Öffentlichkeit nicht mal rauchen oder Alkohol trinken dürfen). Oder man wird ein junger arroganter Feuilletonist wie ich: der Frechdachs vom Dienst, der Salonrebell. Wie lässt sich das ändern? Ende 1999 wurde mit der Reihe «Die fünfzig Bücher des Jahrhunderts» ein knappes, dynamisches, visuell ansprechendes Konzept entwickelt, um auf «Paris Première» jeden Abend in persönlicher, unabhängiger, nicht akademischer Manier jeweils eines der Meisterwerke des vergangenen Jahrhunderts vorzustellen. Unter Einsatz von Waffen, die normalerweise in der Musik- und Filmbranche eingesetzt werden (harter Schnitt, Zusammenspiel von Typo- und Fotografie, Spezialeffekte in der Nachbereitung, Gags in Anfangs- und Schlusssequenz, eingängige Erkennungsmelodie) wollte man zeigen, dass auch die Schriftsteller ein Anrecht auf ihre Top 50 haben. Genug des Purismus! Nur vier Buchstaben trennen ihn vom Puritanismus. Auch wenn man weiß, dass es in der Kunst keine Konkurrenz gibt («Das Schöne verjagt das Schöne nicht. Meisterwerke fressen einander ebenso wenig wie Wölfe», sagte Victor Hugo), darf man sich durchaus einen kleinen Spaß daraus machen, ein paar Genies, die sich zu Lebzeiten häufig bekriegt haben, einzustufen, zu vergleichen, gegeneinander aufzustacheln. Ein Kritiker ist ein Leser wie jeder andere: Wenn er seine Meinung äußert, ob positiv oder negativ, betrifft das ihn allein und auch nur eine seiner zahlreichen widersprüchlichen Facetten.

Ist es nicht an der Zeit, alle diese Bücher, die wir in der Schule (d. h. «unter Zwang», ohne Unbefangenheit oder spontane Neigung) durchgenommen haben, als das zu betrachten, was sie sind, nämlich schlichtweg lebendige Blicke auf die Veränderungen und Katastrophen, die unsere Epoche geprägt haben? Wir dürfen nie vergessen, dass sich hinter jeder

Seite dieser Monumente eines vergangenen Jahrhunderts ein Mensch verbirgt, der jedes Risiko eingeht. Wer ein Meisterwerk schreibt, weiß nicht, dass er ein Meisterwerk schreibt. Er ist ebenso allein und besorgt wie jeder andere Autor; er weiß nicht, dass er in den Lehrbüchern stehen und dass man eines Tages jeden seiner Sätze zerpflücken wird – oft ist es ein junger, einsamer Mensch, der arbeitet, der leidet, der uns aufwühlt, uns zum Lachen bringt, kurz, der mit uns redet. Es ist an der Zeit, die Stimme dieser Männer und Frauen wieder wie am Tag ihres Erscheinens zu hören, indem man sie für einen Augenblick von den kritischen Apparaten und sonstigen Fußnoten befreit, die ganz wesentlich dazu beigetragen haben, ihre jugendlichen Leser abzuschrecken und in die Kinos und Rockkonzerte zu treiben. Es ist an der Zeit, diese berühmten Bücher unbekümmert und unvoreingenommen zu lesen, so als wäre es das erste Mal (was hier ab und zu der Fall war), so als wären sie gerade erst erschienen. Der Humor, falls es ihn in dieser kleinen Sammlung gibt, wäre also nicht «die Höflichkeit der Verzweiflung», sondern die Entschuldigung des Unbeleckten, ein Versuch, die Scheu zu überwinden, die große Kunstwerke einflößen. Die Meisterwerke wollen gar nicht mit Ehrfurcht behandelt werden; lieber möchten sie leben, d. h. gelesen, auseinander genommen, durchgeknetet, bekämpft, beschädigt werden – im Grunde bin ich davon überzeugt, dass die Meisterwerke an einem Überlegenheitskomplex leiden (es wäre an der Zeit, die scherzhafte Bemerkung von Hemingway zu widerlegen: «Ein Meisterwerk ist ein Buch, über das alle Welt spricht, das aber niemand liest.»).

Ich persönlich betrachte dieses Bändchen als ein Schuldanerkenntnis. Wenn man plötzlich, aufgrund eines Missverständnisses, zum «Bestsellerautor» geworden ist, sollte man sich als Erstes revanchieren. Ich hoffe, dass dieses Buch dazu anregt, andere, bessere zu kaufen. Die Literatur erscheint mir zunehmend wie eine Krankheit, ein seltsamer Virus, der einen von den anderen trennt und dazu treibt, verrückte Dinge zu tun (wie zum Beispiel, sich stundenlang mit Papier einzuschließen, statt mit Wesen mit samtweicher Haut zu schlafen. Das ist ein Geheimnis, das ich vielleicht nie ergründen werde. Was suchen wir in den Büchern? Genügt unser Leben uns denn nicht? Werden wir nicht genug geliebt? Sind unsere Eltern, unsere Kinder, unsere Freunde und dieser Gott, von dem man uns erzählt, in unserem Leben nicht präsent genug? Was bietet uns die Literatur, was alles Übrige nicht zu bieten hat? Ich habe keine Ahnung. Und dennoch ist es genau dieses Fieber, mit dem ich jene anstecken möchte, die aus Versehen dieses Vorwort aufgeschlagen und den Fehler begangen haben, es bis zum Ende zu lesen. Denn ich wünsche mir von ganzem Herzen, dass es auch im 21. Jahrhundert noch Schriftsteller geben möge.

F. B.

Platz 50:

ANDRÉ BRETON *Nadja*

(Nadja, 1928, überarbeitete und verbesserte Ausgabe 1963)

Ästhetischer Auftakt: Auf dem 50. Platz in unserer Hitparade steht die hübsche *Nadja* von André Breton (1896–1966).

Dieses von dem Sohn eines Gendarmeriesekretärs geschriebene Buch ist sehr sonderbar. Es enthält Fotos von Paris, um die Beschreibungen (diese «Überlagerungen von Katalogbildern», die seit Balzac zugegebenermaßen alle Welt etwas anöden) zu vermeiden; es beginnt auf der Place des Grands Hommes, am Panthéon, und dann gibt es eine Begegnung, die alles über den Haufen wirft: Am 4. Oktober 1926 stößt André Breton in der rue Lafayette auf eine Passantin mit dem Vornamen Nadja, «ein inspiriertes und inspirierendes Wesen», das sich später als kokainsüchtige Nutte mit hellseherischen Fähigkeiten entpuppt und am Ende im Irrenhaus landet (Rock 'n' Roll, oder?).

Wenn das nicht realistisch ist, dann ist es ja wohl … SURREALISTISCH? Bingo! Breton, der Begründer – und zugleich auch der Diktator – des Surrealismus will den «Stil» abschaffen, alles, was das Reale umgibt, denn seit der Schlächterei von '14/'18 (dieser «Kloake voller Blut, Dummheit und Schlamm») widert die Realität ihn an. Er will allem, was ihm durch seinen Verliebten-Kopf geht, freien Lauf lassen: das nennt er «écriture automatique», automatisches Schreiben, aber aufgepasst! Wer «automatisches Schreiben» sagt, meint nicht verbalen Durchfall, ein Dahinschießen im Freilauf wie die intime Logorrhö, die in den neunziger Jahren in war, sondern im Gegenteil ein Sich-hineinziehen-Lassen in die von Dr. Freud geschickt inszenierten Abschweifungen. Tja, der Mann verachtete die Psychiatrie, war aber fasziniert von der Psychoanalyse. Vergessen wir nicht, dass der erste Satz des Buches «Wer bin ich?» lautet. Den Beweis dafür, dass das automatische Schreiben so automatisch gar nicht ist, liefert André Breton selbst, als er seinen Text 1963, d. h. fünfunddreißig Jahre nachdem er ihn zum ersten Mal geträumt hat, überarbeitet. Wenn man seine Prosa davonfliegen lässt, bedeutet das längst noch nicht, dass man sie nicht ausfeilen müsste.

Nadja kann man als autobiographische Ballade und als Liebesroman lesen, der poetischer ist als einer von Madeleine Chapsal. Gleichzeitig knüpft Breton wie Spiderman ein Spinnennetz aus Zufällen, ähnlich den Wortketten (ich hab's satt-Satteldach-Dachgeschoss …), die wir früher auf Kindergeburtstagen gebildet haben. Allmählich nimmt man die wirklich surrealistische Seite der Gebäude von Paris wahr; Breton schafft es, uns eine außergewöhnliche Realität entdecken zu lassen. Durch bedeutende Bücher sehen wir, genau wie durch die Liebe, die Welt mit anderen Augen. *Nadja* zu lesen ist, als rauchte man einen dicken Joint, nur dass der legal ist!

Nadja erinnert uns vor allem daran, dass die gegenwärtige Diskussion zwischen den Verfechtern der Autofiktion und denen der Phantasie eine ist, die bereits in den zwanziger Jahren geführt wurde … Das bedeutet, dass entweder die Schriftsteller von heute der Entwicklung hinterherhinken oder Breton ihr achtzig Jahre voraus war. Er hatte begriffen, dass die Realität ein Ort ist, der den Schriftstellern nicht genügt. Wie aber soll man, ausgehend von der Realität, zu etwas Irrationalem gelangen? Die Welt so zu beschreiben, wie sie ist, verhindert die Desorientierung des Lesers, eine Geschichte zu erzählen ist notwendig, aber nicht hinreichend: «Am Rande der Erzählung, die ich noch ausführen muss, habe ich die Absicht, nur die bezeichnendsten Episoden meines Lebens zu berichten, und zwar des Lebens, *wie es sich mir außerhalb seines natürlichen Ablaufs zu verstehen gibt* ...» Wie kann man die Subjektivität mit der Objektivität verbinden? Auf diese Frage hat die Literatur noch keine Antwort gefunden. Man könnte *Nadja* als einziges Beispiel eines Proustschen Surrealismus bezeichnen. Meisterwerke vollziehen oft die Quadratur des Kreises: Ihre Schönheit erscheint unmöglich, und dennoch haben sie Hand und Fuß. So ist zweifellos auch der letzte Satz des Buches zu verstehen: «Die Schönheit wird wie ein Beben sein, oder sie wird nicht sein.»

Im Übrigen werden Sie schon sehen: Wenn Sie *Nadja* zuklappen, kann es durchaus passieren, dass Sie von beunruhigenden Zuckungen gepackt werden.

Platz 49:

AGATHA CHRISTIE ***Alibi***

(The Murder of Roger Ackroyd, 1926)

Dass Agatha Christie (1890–1976) André Breton kurz vor dem Ziel noch abfangen würde, dürfte die Fans der englischen Romanschriftstellerin nicht erstaunen: Wie der Meister des Surrealismus deckt Agatha Christie die versteckte Verrücktheit auf, die verdeckte Gewalt hinter der geleckten Fassade der Gesellschaft (hübsche Assonanzen auf «eck», nicht wahr? Vielen Dank für Ihre Aufmerksamkeit). Mrs. Christie ist also ebenfalls eine surrealistische Autorin. Warum sonst hat sie sich entschieden, ihre Ermittlungen einem zwergenhaften belgischen, arroganten Detektiv mit eiförmigem Schädel anzuvertrauen? Komische Idee (die ihr kam, als sie einen sonderbaren Flüchtling aus dem Ersten Weltkrieg kennen lernte).

Das große Problem bei dieser Liste ist, dass von jedem Autor ein einziger Titel ausgesucht werden musste. Unter den sechsundsechzig Romanen der nach Shakespeare meistgelesenen Autorin der Welt (zweieinhalb Milliarden verkaufte Exemplare) hätten die sechstausend Teilnehmer an unserer Abstimmung auch *Zehn kleine Negerlein, Tod auf dem Nil* oder *Mord im Orientexpress* wählen können, aber nein, das wäre zu einfach gewesen. Deshalb haben sie sich für *Alibi* entschieden, ein Muster an Bosheit und eine wahre erzählerische Meisterleistung. (Daneben wirkt Mary Higgins Clark wie Blytons *Fünf Freunde*.)

Der Gutsbesitzer Roger Ackroyd wird ermordet, hat sich jedoch kurz vor seinem Tod seinem Freund, Dr. Sheppard, anvertraut, der über die Ermittlungen von Hercule Poirot berichtet. Dieser verdächtigt wie gewohnt nacheinander sämtliche Personen, wobei sich herausstellt, dass viele Leute ein Interesse am Ableben des guten Ackroyd hatten. Bei näherer Betrachtung ist es schon ein Wahnsinn, wie viele der uns Nahestehenden gute Gründe haben, sich unseren Tod zu wünschen. (Ich bin zum Beispiel sicher, dass die Ermittler, wenn ich einmal umgebracht werde, einige Schriftsteller aus meinem Bekanntenkreis verhören werden.)

Eine Sache stört mich allerdings. Um die Originalität von *Alibi* zu erklären, muss ich Ihnen das Ende des Romans erzählen. Deshalb mache ich Ihnen einen Vorschlag: Ich zähle bis drei. Bei drei brauchen diejenigen, die den Knalleffekt des Romans nicht mitbekommen möchten, nur den nächsten Abschnitt zu überspringen. Fertig? Eins, zwei, drei.

Die außergewöhnliche Glanzleistung von Agatha Christie besteht darin, dass der Täter in diesem Fall ihr Erzähler ist. Die gesamten Ermittlungen werden vom Mörder wiedergegeben, der niemand anderer als Dr. Sheppard selbst ist. Eine so unglaubliche erzählerische Erfindungsgabe macht aus diesem Krimi natürlich ein in der Literaturgeschichte einzigartiges Buch (auch wenn Leo Perutz schon früher in *Der Meister des Jüngsten Tages* dieselbe Idee gehabt hatte). In gewisser Weise ist es genau das System, das in einem neueren Film mit dem Titel *Die üblichen Verdächtigen* aufgegriffen wurde. Der Moment, in dem sich just derjenige, der uns gerade die Geschichte erzählt, von Poirot entlarvt sieht, jagt einem wohlige Angstschauder über den Rücken. Dieser unerhörte

Kunstgriff hat sogar einige Experten, die Agatha Christie der Täuschung bezichtigen, verrückt gemacht. So zum Beispiel Pierre Bayard, der vor kurzem in *Qui a tué Roger Ackroyd?* (Minuit) die Ermittlungen nachvollzogen hat und zu dem Schluss kam, Sheppard könne nicht der Schuldige sein. Gut, aber wer war es dann? Ich habe da eine vage Vermutung. Ich glaube, die eigentliche Übeltäterin ist Lady Mallowan alias «die Herzogin des Todes»: Dame Agatha Christie.

Diese merkwürdige Frau muss wohl gewusst haben, dass sie in dem Roman zu weit gegangen war, denn kurz nach dessen Erscheinen war sie, zwischen dem 4. und dem 14. Dezember 1926, zehn Tage lang verschwunden. Man hielt sie für tot, und die Polizei spürte sie schließlich, unter falschem Namen in einem Hotel gemeldet, in einem Kurort auf. (Jean-Edern Hallier übernahm einige Jahrzehnte später diese PR-Idee, indem er sich vor der Closerie des Lilas entführen ließ.) Den Romanciers ist nicht wohl zumute, wenn sie ihre Leser zum Narren halten. Als eine Autorin, die ständig Rätsel verfasste, wollte Agatha Christie selbst eines werden und hat dabei einmal mehr gezeigt, was für ein gefährliches Spiel die Literatur ist.

Platz 48:

ALBERTO MORAVIA *Die Verachtung*

(Il disprezzo, 1954)

Kein Versehen, keine Unachtsamkeit: Auf Platz 48 liegt tatsächlich *Die Verachtung* von Alberto Moravia (1907–1990). Sagt man *Die Verachtung,* denkt man sofort an die Musik von Georges Delerue und an Brigitte Bardot (B. B.), die fragt: «Gefällt dir eigentlich mein Hintern?» Im Buch kommt diese Frage gar nicht vor, obwohl Jean-Luc Godard sich ansonsten relativ eng an den Handlungsfaden des Romans gehalten hat: In der Hoffnung, seine Ehe zu retten, fährt ein Mann mit seiner Frau nach Capri, doch die Reise hat genau den umgekehrten Effekt.

Mehr noch als Brigitte Bardots Sorge um ihr pralles Hinterteil ist der erste Satz in den Gedächtnissen haften geblieben: «In den ersten zwei Jahren unserer Ehe ließen die Beziehungen zwischen mir und meiner Frau, das kann ich heute ruhig behaupten, keinen Wunsch offen.» Diese Art, mit einer optimistischen Feststellung zu beginnen, in der man die heraufziehende Katastrophe bereits erahnt, ist das Echo auf den Anfang von Aragons *Aurélien*: «Als Aurélien Bérénice zum ersten Mal sah, fand er sie schlichtweg hässlich.» Und die Moral: In den guten Romanen müssen die perfekten Paare sich trennen und diejenigen Menschen, die einander hässlich finden, müssen sich ineinander verlieben. Sonst gäbe es ja nichts zu erzählen.

Riccardo, der Erzähler der *Verachtung*, ist ein Schwächling, ein Anti-Macho, was für einen Italiener erstaunlich ist. Seine

Frau Emilia will eine Wohnung kaufen, also wird er, statt Theaterstücke zu schreiben, Drehbuchautor, damit er die Immobilienkredite zurückzahlen kann. Gerade weil er ihren Forderungen nachgegeben hat, verachtet seine Frau ihn: Sie nimmt ihm übel, dass er tut, worum sie ihn gebeten hat! Oder aber dass er sie in die Arme eines ordinären Produzenten namens Battista zu treiben scheint ... Moravias Botschaft ist klar: Meine Herren, wenn ihr wollt, dass eure Frauen euch bewundern, dann gehorcht ihnen nicht! (Meinte er seine eigene, Elsa Morante, eine berühmte Schriftstellerin, von der er sich acht Jahre später scheiden ließ?) Worauf warten die «Wachhündinnen» noch, um einzugreifen? *Die Verachtung* ist der erste Roman, der die negativen Auswirkungen des Feminismus auf die Männlichkeit analysiert. In Wirklichkeit war Alberto Moravia nicht frauenfeindlich, sondern besorgt. Er erahnte die Grenzen im Kampf um die Gleichheit der Geschlechter: Es ging darum, Parität zu erreichen, nicht aber, die Rollen zu vertauschen.

Somit ist Moravia einer der ersten Schriftsteller der Welt, der den modernen Mann beschreibt, diesen eigennützigen Feigling, hilflos gegenüber der neuen Macht der Frau, verloren in einer künstlichen Welt, ohne andere Ideale als das schöne Haus, das schöne Auto und den schönen Gehaltszettel. Wir leben in einer materialistischen Welt, die die Liebe tötet: Man macht sich gegenseitig Geschenke, statt einander zu lieben. Diese Falle des modernen Komforts wurde später von Georges Perec in seinem bemerkenswerten Romandebüt *Die Dinge* (1965) in eisiger Manier durchgespielt. Doch schon vor ihm bringen die großen Romane Moravias (*Die Gleichgültigen* 1929, *Eheliche Liebe* 1949, *Die Verachtung* 1954, *La Noia* 1960) dieses Unbehagen vorsichtig zum Ausdruck: die Unmöglichkeit, als Paar in einer heuchlerischen Gesellschaft zu leben, die so tut, als feiere sie es, während sie alles daransetzt, es zu zerstören (indem sie das Individuum und die Begierde glorifiziert, indem sie die neue Religion aus Sex und Geld erschafft). Moravia – Vorfahre von Houellebecq? In *Die Verachtung* verfrachtet er Riccardo und Emilia auf eine zauberhafte Insel und beobachtet, wie die beiden sich mit finsterer Genugtuung im Missverständnis festfahren: «In dieser Geschichte nun will ich erzählen, wie Emilia, während ich fortfuhr, sie zu lieben, statt sie zu beurteilen, Fehler an mir entdeckte oder zu entdecken glaubte, wie sie mich be- und verurteilte und schließlich aufhörte, mich zu lieben.» Ich mag, im Gegensatz zu seiner Frau, diesen Riccardo, der uns ähnelt, uns, den Männern der westlichen Welt, den Opfern und Komplizen der egoistischen Überflussgesellschaft. Ich möchte mit einem Sinnspruch schließen, auf den ich einigermaßen stolz bin: In der heutigen Welt ist Moravias Mann lebenslänglich tot.

Platz 47:

MILAN KUNDERA *Der Scherz*

(Zert, 1967)

Milan Kundera freut sich sehr darüber, in dieser Rangliste aufzutauchen. Als ich ihn das letzte Mal im Lutétia traf, haben wir auf dieses Ereignis zusammen ein Pils getrunken.

Dazu hatten wir auch allen Grund. Von den fünfzig Schriftstellern des 20. Jahrhunderts, die unser aus sechstausend Französinnen und Franzosen bestehender Wahlausschuss ausgesucht hat, sind nur sieben noch am Leben: Umberto Eco, Gabriel García Márquez, Claude Lévi-Strauss, Françoise Sagan, Alexander Solschenizyn, Alberto Uderzo und eben Milan Kundera, dieses 1929 geborene tschechische Importprodukt, das seit 1975 in Paris lebt und 1981 die französische Staatsbürgerschaft angenommen hat.

Der Scherz ist sein erster Roman. Zu der Zeit, als er ihn 1967 unter dem Novotny-Regime veröffentlicht, lockert sich die Zensur in der Tschechoslowakei ein bisschen. Da aber die kürzesten Scherze die besten sind, rücken ein Jahr später, als er bereits auf Französisch erschienen ist, die russischen Panzer in Prag ein und *Der Scherz* wird in seinem Herkunftsland verboten. Folglich wurde der Roman auf der ganzen Welt als ein Dokument des Kampfes, ein politisches Pamphlet angesehen, was er auch, aber nicht ausschließlich war.

Wenn man *Der Scherz* heute noch einmal liest, stellt man fest, dass er bereits Kunderas gesamtes Werk im Keim enthält: diese Kunst, auf virtuose Weise Roman und Philosophie, Fiktion und Gedankengut, Ernsthaftigkeit und Frivolität zu vermischen. Mit seinen Sexgeschichten macht Kundera Politik. Zugegeben, der Kontext ist überholt, der Eiserne Vorhang gefallen, sodass der eigentliche Scherz des Buches heute in der Atmosphäre permanenter Verdächtigung in den kommunistischen Ländern besteht. Es fällt schwer zu glauben, dass Ludvik, der Held des Romans, wegen einer simplen Postkarte, auf die er schreibt: «Optimismus ist Opium für die Menschheit. Ein gesunder Geist stinkt nach Dummheit», zu sechs Jahren Zwangsarbeit unter Tage verurteilt werden kann. Es ist schwer vorstellbar, dass in diesen Ländern die Worte «Intellektueller» oder «Individualist» als Beleidigungen und Ehebruch als Verbrechen gegen die Partei gelten konnten. Im Grunde ist Kundera ein Kafka wider Willen; er erzählt dieselben absurden und grausamen Geschichten wie sein illustrer Landsmann, nur dass seine sich tatsächlich ereignet haben. Bei dem Gedanken, dass eben dieses Land ein paar Jahre später einen Schriftsteller, Václav Havel, zum Präsidenten gewählt hat, kann man sich ein Grinsen nicht verkneifen. Auch die Revolution erscheint einem heute wie ein schlechter Scherz; das muss man sich einmal vorstellen: eine humanistische Utopie, die Millionen von Menschen zur Zwangsarbeit verurteilt hat. Vielleicht haben die Internierten im Gulag ja damit gerechnet, dass jemand auftaucht und verkündet, sie seien ohne ihr Wissen mit «versteckter Kamera» für eine Fernsehsendung gefilmt worden!

Im Gegensatz zu den Ideen altern die großen Romane nicht: Ludvik liebt immer noch Helena, die mit Pavel verheiratet ist, während die russischen U-Boote sich damit begnügen, auf dem Meeresboden zu verrosten, zuweilen mit Matrosen an Bord, die niemand schreien hört. *Der Scherz* erzählt vom Sieg der Liebe und des Humors über den Überdruss und den Ernst. In den Ostblockländern war es damals verboten, Scherze zu machen. Heutzutage ist weltweit das Gegenteil der Fall: Humor ist Pflicht; die Welt ist ein einziger permanenter Scherz. Das Buch von Kundera bleibt aktuell, da das Leben ein riesengroßes Volksfest ohne Moral und Erbarmen geworden ist. Mittlerweile ist offenkundig, dass Kundera bereits in den sechziger Jahren unbeabsichtigt der erste Romancier des Endes der Geschichte war: «Glauben Sie, dass Destruktionen schön sein können?», fragt Kotska schon im ersten Teil. Der Schrecken, den er beschrieb, hat sich heute ins Gegenteil verkehrt. In seinen jüngeren Romanen (vor allem in *Die Langsamkeit*) wagt Kundera den Versuch, die Lächerlichkeit lächerlich zu machen. Gipfel der Ironie: Zur Zeit von *Der Scherz* war das Lachen eine Waffe gegen den Totalitarismus. Heute ist es das Lachen, das totalitaristisch ist. Was Kundera natürlich nicht daran hindern wird, weiterhin darüber zu scherzen.

Platz 46:

FRANCIS SCOTT FITZGERALD *Der große Gatsby*
(The Great Gatsby, 1925)

Als Scott Fitzgerald (1896–1940) *Der große Gatsby* veröffentlicht, ist er erst neunundzwanzig Jahre alt und dennoch bereits auf dem Höhepunkt seines künstlerischen Schaffens. Er hat Amerika durch und durch verstanden, was der Umstand beweist, dass es ihm zu Füßen liegt. Er hat das hübscheste Mädchen New Yorks und damit der ganzen Welt geheiratet. Er beschließt, über das Leben eines armen Schluckers aus dem Mittleren Westen zu schreiben, der dadurch zu Reichtum gelangt, dass er während der Prohibition mit Alkohol handelt und auf Long Island Partys gibt: Jay Gatsby. Gatsby will seine Jugendliebe Daisy, die einen Millionenerben (Tom Buchanan) geheiratet hat, verführen. Es versteht sich von selbst, dass Gatsbys schmutziges Geld allein nicht ausreicht, um sie rumzukriegen, was übrigens der einzige mittlerweile überholte Aspekt in dem Buch ist; heute würde die hübsche Daisy ohne zu zögern mit dem schönen Emporkömmling durchbrennen. Was ist schon so sexy wie ein Schwarzhändler (der Vorläufer des Dealers aus *American Beauty*)?

Der große Gatsby ist eine Satire auf die amerikanische High Society (manche werfen dem Buch sogar unterschwelligen Antisemitismus vor), vor allem aber ein melancholischer Liebesroman, geschrieben in diesem bittersüßen, unnachahmlichen Ton, den Fitzgerald beim Schreiben von hundertsechzig Novellen zur Finanzierung von Zeldas Garderobe entwickelt hatte: «Im blauen Dämmer der Gärten war von Männern und Mädchen ein Kommen und Gehen, wie Mottengeschwirr, und Flüstern und Sekt unter Sternen.» Der Roman hat auch autobiographische Züge: In Gatsby steckt ein Stück Fitzgerald. Geboren in Saint Paul (Minnesota), hat er es nie wirklich geschafft, in den Club der Millionäre aufzusteigen, und das Footballteam von Princeton ließ ihn auch abblitzen, wovon er sich nie erholt hat; er wurde zwar nicht, wie sein Held, ermordet, starb aber mit vierundvierzig als unbekannter Alkoholiker, acht Jahre bevor auch seine Frau ums Leben kam, die 1948 bei einem Brand in ihrem Irrenhaus bei lebendigem Leib verbrannte.

Die großen Romane sind alle Vorboten: Colette sagte, «alles, was man schreibt, bewahrheitet sich am Ende». Die Verhältnisse in dem von Fitzgerald beschriebenen habgierigen und egoistischen Amerika haben sich nur noch verschlimmert, seit sich das Land zum Herrscher über den Planeten Erde aufgeschwungen hat. Sein Traum von Größe endet jedes Mal in einem üblen Kater. Die Welt ist eine «rauschende» Party, die gut beginnt und böse endet, genau wie das Leben selbst («ein Zerstörungsprozess»). Man dürfte nie erwachen. Fitzgerald ist sehr protestantisch, ja puritanisch: Bei ihm wird das Glück bar bezahlt und die Sünde immer bestraft. Er hat unglückliche Reiche in New York beschrieben, nachdem er in Paris arm und glücklich gewesen war. Die einzige Möglichkeit, die Reichen zu kritisieren, besteht darin, genau wie sie zu leben, d. h. über seine Verhältnisse zu trinken, bis man als Säufer in der Gosse landet.

Schließlich versteht man auch, warum Scott so gerne sturzbetrunken das Ritz verwüstete oder sein Auto in irgendwelche Teiche manövrierte: Seinen Smoking zu beflecken ist eine politische Geste, eine Art, seine Missbilligung über die

Welt, zu der man so gerne gehört hätte, zum Ausdruck zu bringen. Fitzgerald kann als erster bourgeoiser Bohémien gelten, der jedoch den Anstand besaß, seinen Linksradikalismus den der «Verlorenen Generation» zu nennen: «Man müsste begreifen können, dass die Dinge hoffnungslos sind, und dennoch entschlossen sein, sie zu ändern» *(The Crack-Up)*; «Alle Götter, tot; alle Schlachten, geschlagen; alle Hoffnungen der Menschen, enttäuscht» *(This Side of Paradise)*. Bleibt noch seine Beschreibung der New Yorker Aristokraten, die so glänzend ist, dass sie davon geblendet und dann, wie die Dinosaurier, ausgelöscht wurden.

Ich mag Leute nicht, die Fitzgerald nicht mögen. Sie meinen, als wahrer Rebell müsste man schlecht angezogen herumlaufen. Das ist falsch. Wenn ich mir den Kopf mit Champagner zuknalle und mit großem Pathos meinen Stuhl durch die Gegend kicke, dann tue ich das, um mit Scott Guevara zu brüllen: «Biba la Rébolucion!»

Platz 45:

GEORGES BERNANOS *Die Sonne Satans*

(Sous le soleil de Satan, 1926)

Nummer 45 ist Georges Bernanos (1848–1948) mit *Die Sonne Satans* und nicht etwa «Die Sonne, und sonst nichts» («Sous le soleil exactement»), was der deutschen Übersetzung des Titels eines Chansons von Gainsbourg entspricht – bitte versuchen Sie mir zu folgen.

Ich muss gestehen, dass ich, bevor ich mit dieser Chronik begann, noch nie etwas von Bernanos gelesen hatte. Normalerweise tun Literaturjournalisten zwar so, als würden sie alles kennen; noch unter der Folter wiederholen sie Ihnen gebetsmühlenartig, das Fleisch sei müde und sie hätten alles gelesen. Aber ich habe mir *Die Sonne Satans* als Taschenbuchausgabe gekauft und wurde, meinen Vorurteilen zum Trotz («Auch das noch, Bernanos, dieser große katholische Pamphletist, blablabla!»), von einem bezaubernden und betörenden Werk voll bitterer und heiliger Kraft überrascht. Da kann *Der Exorzist* getrost wieder nach Hause gehen!

Man muss allerdings sagen, dass Bernanos seinen ersten Roman lange vor dem Tod Gottes schrieb; 1926 glaubte man noch an ihn, ebenso wie an den Teufel, man fürchtete noch die Hölle – heute leben wir darin, haben uns also an sie gewöhnt. Bernanos begreift jedoch als einer der Ersten, dass das 20. Jahrhundert zwar dasjenige ist, in dem Gott sterben, zugleich aber auch das, in dem der Teufel alle Register ziehen wird. Den triumphalen Erfolg, den dieses fiebrige Buch bei seinem Erscheinen hatte, kann man sich nur schwer vorstellen. Bernanos, wie Kafka Versicherungsangestellter (allerdings in Bar-le-Duc, das ist nicht so schick wie Prag), wurde ein nationaler Star.

Urteilen Sie selbst. Er erzählt diese Geschichte von Mouchette, einem Mädchen aus der Provinz, das von einem Marquis geschwängert wird. Da dieser sein Kind nicht anerkennen will, tötet sie den Marquis und verliert auch noch ihr Kind. Sollte sie vom Teufel besessen sein? Da stößt ein Landpfarrer dazu, Abbé Donissan, der dem Satan (im Gewand eines sympathischen Pferdehändlers, damals hatte er nämlich noch nicht das Aussehen von Marilyn Manson angenommen) begegnet und ihm anbietet, Mouchettes Seelenheil gegen seine eigene Verdammung zu tauschen (ich vereinfache, der heilige Bernanos möge mir verzeihen). Und das Ganze wird überhöht durch einen in jeder Beziehung dichten und spirituellen Stil. Einen … übernatürlichen Stil, wie Paul Claudel (ein weiterer durchgeknallter Mystiker) in einem an ihn gerichteten Brief anmerkt: «Was ich schön finde, ist dieses starke Gefühl des Übernatürlichen, nicht im Sinne des Außernatürlichen, sondern des Natürlichen auf erhabener Stufe.» Ich hatte eine religiöse Pflichtaufgabe erwartet und las eine mystische Erzählung, ein faustisches Delirium, einen religiösen Krimi; statt Pialat hätte man dieses Drehbuch lieber Martin Scorsese anvertrauen sollen!

Und dann der erste Satz dieses Romans, den muss man einfach bewundern: «Die Abendstunde, wie sie Paul-Jean Toulet liebt … voll fließenden Schweigens …» Ist es nicht sehr modern und bescheiden, gleich zu Anfang einen Kollegen zu erwähnen? Können Sie sich vorstellen, Proust hätte seine *Suche* begonnen mit «Lange Zeit bin ich früh schlafen gegangen und habe Sainte-Beuve gelesen»? (Das wäre allerdings auch ein bisschen viel verlangt gewesen.)

Lesen Sie diesen diabolischen und düsteren Roman; auch wenn er manchmal geschwollen klingt, erweist er sich als ebenso packend wie ein Stephen King, aber im Stil eines Huysmans unter LSD-Einwirkung oder eines, wie Renaud Matignon geschickt formulierte, «willentlich Tollwutinfizierten». Bernanos war von misstrauischer Begeisterung, von energischem Zweifel durchdrungen. Er war zuerst Royalist, dann Antifrankist, Anhänger der Résistance und nach dem Krieg Antigaullist. Dreimal lehnte er die Ernennung zum Mitglied der Ehrenlegion ab. Wie sollte man diesem Autor, der eher in die leicht verrückte Literaturzeitschrift NRV als in die altehrwürdige NRF (Nouvelle Revue Française) passt, seine glühende Verehrung verweigern? Er wollte seine Seele retten, aber auch die der anderen; wenn schon leiden, dann auch wissen, wofür! «Denn dein Leid ist unwirksam, o Satan! …» Diese Apostrophe scheint mir recht gut den Angstzustand wiederzugeben, in dem die Bewohner der Erde sich befinden, seit man ihnen erklärte, dass Gott genauso dahingeschieden ist wie Nietzsche. Sie haben die Nase voll von dem unwirksamen Schmerz.

Ich schäme mich, Satan in solcher Kürze behandelt zu haben. Vielleicht trifft sein Blitz mich ja mitten in diesem Buch, just in dem Moment, wo ich ausrufen will: «Deine Mutter lutscht in der Hölle Schwänze. Ha, ha, ha!» und dabei den Kopf um 360 Grad drehe …

Platz 44:

SIR ARTHUR CONAN DOYLE *Der Hund von Baskerville*
(The Hound of the Baskervilles, 1902)

Allem Anschein nach ist die Nummer 44 dieser Top 50 *Der Hund von Baskerville* von Sir Arthur Conan Doyle (1859–1930). In Wirklichkeit eine einfache Schlussfolgerung …

Der Hund von Baskerville ist die berühmteste Episode der Fallgeschichten von Sherlock Holmes, mit einem ausgeprägten Minderwertigkeitskomplex erzählt von Dr. Watson. Einem Dr. Watson, von dem man sich fragt, ob er nicht eine homosexuelle und masochistische Beziehung zu dem Detektiv unterhält. Warum sonst sollte er sich ununterbrochen von einem Kokainsüchtigen herunterputzen lassen, der seit über einem Jahrhundert dieselbe groteske Tweedmütze trägt? Im Grunde genommen ist Dr. Watson nur ein Double des Autors, denn Arthur Conan Doyle war selbst Arzt. Das komische Paar hat ebenso seinen Platz in der Geschichte wie Don Juan und Sganarelle, Don Quichotte und Sancho Pansa, Wladimir und Estragon, Jacques Chirac und Lionel Jospin.

Was einen an *Der Hund von Baskerville* immer noch am meisten erschauern lässt, ist seine Atmosphäre: die nebelige englische Landschaft des Devonshire, ein ebenso gotisches wie düsteres Herrenhaus, die sumpfige Heide, ein Phantomhund und sein heulendes «Ahuuuu Ahuuuu» … Brr, bei dem bloßen Gedanken daran durchfährt es mich eiskalt! Man befindet sich hier auf halbem Weg zwischen Krimi und Fantasy-Erzählung. «Schlanke Binsen und üppige, schleimige

Wasserpflanzen rochen nach Moder und Verwesung, und mehr als einmal ließ uns ein falscher Schritt bis über das Knie in dem schwarzen breiigen Sumpf einsinken …»

Charles Baskerville ist soeben gestorben, und sein Neffe Henry bekommt Morddrohungen. Am Ende entlarvt Sherlock Holmes einen enterbten und eifersüchtigen Cousin, der die Familie mit einem in einer Höhle versteckten dicken Köter terrorisiert. Und damit meine ich ein noch entsetzlicheres Tier als die in synthetischen Bildern verzerrt wiedergegebene Bestie von Gévaudan. Dennoch hat der Hund von Baskerville nichts mit dem «Pakt der Wölfe» gemein: Er ist einfach eine Art Hunde-Jack the Ripper. Er erinnert an so legendäre Tierchen wie das Ungeheuer von Loch Ness, den Yeti am Himalaya, Jonah Lomu von den «All Blacks» …

Nach Edgar Allan Poe kann man Conan Doyle vielleicht als den Erfinder des modernen Kriminalromans bezeichnen. Sherlock Holmes ist ein würdiger Nachkomme des Auguste Dupin aus *Der Doppelmord in der Rue Morgue,* den er um seine Methode der wissenschaftlichen Beweisführung ergänzt (man kann sagen, Hercule Poirot und Inspektor Columbo verdanken ihm alles), aber auch um eine neue Dimension, nämlich die Spannung. Im Gegensatz zu Agatha Christie, deren Rätsel immer nach dem Mord ansetzen, begnügt Conan Doyle sich nicht mit der reinen Verknüpfung logischer Schlussfolgerungen à la «Cluedo»: Er versteht es auch, die Angst zu steigern, uns ebenso in Atem zu halten wie Alfred Hitchcock. Von daher könnte man durchaus den Standpunkt vertreten, Thomas Harris oder Patricia Highsmith müssten einen nicht unbeträchtlichen Teil ihrer Tantiemen an das Sherlock Holmes Museum (221 B Baker Street, London) abführen.

Zum Schluss noch eine amüsante Anekdote: Vergangenes Jahr hat ein für Fahrschulen zuständiger Beamter des Straßenverkehrsamtes aus Devon Conan Doyle beschuldigt, seinen Freund Fletcher Robinson ermordet zu haben, um ihm sodann nicht nur die Idee für *Der Hund von Baskerville,* sondern auch noch seine Frau wegzunehmen. Sollte die Realität die Fiktion übertreffen? Nein! Die Fiktion ist interessanter als solche Hirngespinste, denen Scotland Yard im Übrigen nicht weiter nachgegangen ist.

Platz 43:

GEORGES PEREC *Das Leben – Gebrauchsanweisung*

(La Vie mode d'emploi, 1978)

Der 43. Platz dieser Hitparade geht an Georges Perec (1936–1982) für *Das Leben – Gebrauchsanweisung,* Prix Médicis 1978. Ich glaube, ihm hätte es gefallen, auf dieser Liste zu stehen, wo er doch ein solcher Fan von Verzeichnissen war.

An dieser Stelle scheint mir eine Zwischenbemerkung angebracht: Buchtitel sind eine sehr heikle Angelegenheit. Auch wenn man der Meinung ist, es komme weniger auf den Titel als auf den Inhalt an, beeinflusst er dennoch unser oberflächliches Lesen. Wenn man bedenkt, dass *Im Schatten junger Mädchenblüte* um ein Haar «Die Dolchstichtauben» betitelt worden wäre, packt einen das kalte Grausen. Wohingegen *Das Leben – Gebrauchsanweisung* sich nicht nur als wunderbarer Titel erweist, sondern vor allem als perfekte Zusammenfassung dessen, was ein Roman sein soll. Darauf hat der Verleger Olivier Cohen (in einem Artikel in *Le Monde*) völlig zu Recht hingewiesen: Die Literatur dient einzig und allein dazu, uns eine Gebrauchsanweisung für das Leben zu geben. Was sind die fünfzig Bücher des Jahrhunderts anderes als genau diese Anzahl praktischer Ratgeber, die uns lehren, zu leben oder die uns von der Gesellschaft aufgezwungene Lebensweise abzulehnen? Ende des Exkurses.

Perec begeisterte sich, wie Nabokov, für Kreuzworträtsel und Schach; er gehörte zum Oulipo («Ouvroir de Littérature Potentielle»), der Schreibwerkstatt für potentielle Literatur, einer Art Mathematikersekte, die sich, humorvoller als die Zombies des Nouveau Roman, mit Sprachspielen beschäftigten, weshalb auch alle seine Werke Stilübungen sind – kein Zufall übrigens, dass er *Das Leben – Gebrauchsanweisung* Raymond Queneau gewidmet hat; die Idee dahinter ist nämlich nicht nur, mit der Form zu spielen, sprachliche Kunststücke zu vollbringen, um zu zeigen, wie beschlagen man ist, sondern sich der Zwänge als einer Art Trampolin zu bedienen, um seiner «Fabulierlust» Ausdruck zu verleihen.

Das Leben – Gebrauchsanweisung ist kein Roman, sondern ein Mietshaus. Hausnummer 11, rue Simon Crubellier, Stockwerk für Stockwerk, Zimmer für Zimmer, Bewohner für Bewohner, bis ins Detail beschrieben. Zehn Jahre hat Perec gebraucht, um dieses Gebäude in 99 Kapitel, 107 verschiedene Geschichten und 1467 Personen zu zerlegen. Diese «Romane» (so hat Perec sein Buch untertitelt) kann man in jede Richtung lesen, die eine Etage jener anderen vorziehen, lieber bestimmte Mieter als deren Nachbarn verfolgen, zum Beispiel eher Perceval Bartlebooth als Gaspard Winckler, sich irgendeine Beschreibung oder Anekdote herauspicken: Perecs ebenso verrücktes wie größenwahnsinniges Ziel ist es zu zeigen, dass unter dem Mikroskop alles spannend ist. Dass jedes Mietshaus in jeder Straße in jeder Stadt ein Universum mit Tausenden einzigartiger und pittoresker Abenteuer enthält, von denen niemand (außer ihm) je berichten wird.

Zuweilen kommt es vor, dass die Idee zu einem Buch besser ist als das Ergebnis. Nach demselben Prinzip hat Perec ein Buch über die Place Saint-Sulpice geschrieben, das den Titel *Tentative d'épuisement d'un lieu parisien* (Versuch zur erschöpfenden Beschreibung eines Pariser Ortes) trägt. Was *Das*

Leben – Gebrauchsanweisung, vielleicht sogar unabsichtlich, zeigt, ist, dass die Realität unerschöpflich ist, dass kein Romanschriftsteller je mit ihr fertig wird und dass, wer die Realität erschöpfend betrachten will, vor allem Gefahr läuft, den Leser zu erschöpfen. Entscheiden Sie also selbst: Von Perec bevorzuge ich *Die Dinge* (1965), den besten Roman über die Zivilisation der materiellen Begierde, oder *Ich erinnere mich* (nach einer Idee von Joe Brainard), denn *Das Leben – Gebrauchsanweisung* bleibt, ebenso wie *Ulysses* von Joyce, ein Grenzwerk, ein Experiment, eine Rumpelkammer, ein Puzzle, ein wirres Durcheinander, ein Tuttifrutti, nennen Sie es, wie Sie wollen: ein Berg, der einen Frosch gebiert, oder eine Maus, die ein dicker Ochse werden will.

Vor kurzem haben die Éditions Zulma das *Cahier des charges de «La Vie mode d'emploi»* (Lastenheft für «Das Leben – Gebrauchsanweisung») herausgebracht, und man hat mit Schrecken festgestellt, dass sämtliche Ereignisse des Buches vorherbestimmt waren. Mit einer Unerbittlichkeit, die schon an Masochismus grenzt, hatte Perec für sich selbst völlig wahnwitzige Schreibregeln aufgestellt (so sollte man sich beispielsweise in dem Gebäude bewegen wie der Springer im Schach, oder irgendein Kapitel sollte genau sechs Seiten umfassen und eine zuvor erstellte Liste von Wörtern enthalten usw.). Es besteht überhaupt kein Zweifel daran, dass Perec ein ungeheurer Virtuose und sein Buch eine Großtat sondergleichen ist. Eine technische Meisterleistung ergibt aber nicht zwangsläufig ein Meisterwerk, und es fällt einem immer schwer, einer Figur zu folgen, wenn man weiß, dass ihr Autor sie nicht gehen lässt, wohin sie will.

Platz 42:

VERCORS *Das Schweigen des Meeres*

(Le Silence de la mer, 1942)

Sieh mal an, Nummer 42 ist ein '42 erschienenes Buch, schon verrückt, unser Leben, wir merken es gar nicht, aber manche Sachen sind einfach unbegreiflich, und man kommt sich manchmal ganz klein vor.

Das Schweigen des Meeres von Vercors (1902–1991) war das erste Buch, das in einer Auflage von dreihundertfünfzig Exemplaren in dem Untergrundverlag Éditions de Minuit erschien, dem wichtigsten Verlagshaus der Résistance, das 1941 von ihm selbst und Pierre de Lescure (hat nichts mit dem Generaldirektor der Gruppe Vivendi-Universal zu tun) gegründet worden war. Jean Vercors, der in Wahrheit Jean Bruller hieß, warf diesen Brandsatz unter Lebensgefahr. Nun könnte man natürlich denken, *Das Schweigen des Meeres* habe heute eher eine historische und sentimentale als eine literarische Bedeutung; weit gefehlt, man soll eben nicht einfach irgendwas denken!

Die Handlung ist denkbar einfach: 1940 wird ein deutscher Offizier bei einem Dorfbewohner im besetzten Frankreich einquartiert; Abend für Abend wendet er sich auf Französisch an seine Gastgeber, die ihm jedoch nicht antworten. Mit ihrem Schweigen bringen die Besetzten, ein alter Mann und seine Nichte, ihren Widerstand gegen den Besatzer (ein bisschen wie Gandhi gegenüber den britischen Besatzern) zum Ausdruck. Keine besonders feinsinnige Metapher also; da aber die Nazis auch nicht gerade durch Feinfühligkeit bestachen, kam es mehr auf die Wirkungskraft an. Ein sympathischer Namensvetter, Yves Beigbeder, hat über *Das Schweigen des Meeres* etwas sehr Zutreffendes gesagt, was ich hier auch gleich wiedergeben möchte: «Man erwartete von Vercors zwar keine Kampfliteratur – diese Phase setzte später ein –, doch vorerst bestand die wichtigste Aufgabe der Literatur darin, die Würde der französischen Nation zu beschwören.» Das Schweigen der beiden Franzosen symbolisiert gut die schreckliche Zeit der Einsamkeit, die Schattenarmee, die Unsichtbaren, die Gesichtslosen, die nicht «nein» sagen konnten, weil man dazu hätte nach England auswandern oder sein Leben riskieren müssen, die aber «nein» gemurmelt, «nein» gebrummt, im «Nein» gelebt haben. Nach und nach respektiert der deutsche Offizier Werner von Ebrennac sie, diese Stummen, bewundert sie schließlich fast, und am Ende empfinden der Alte und seine Nichte auch für ihn eine gewisse Bewunderung. Wir haben es hier mit einem zwar engagierten, nicht aber manichäischen Roman zu tun; der einzige Moment im ganzen Buch, wo das Mädchen spricht, ist der, als sie dem Deutschen bei seiner Abreise «Adieu» sagt. Wenn heute ein junger Autor die Geschichte eines gebildeten und sympathischen Wehrmachtsoldaten schriebe, der mit Mitgliedern der Résistance über Menschenrechte und Mozart plaudert, wäre das ein nationaler Skandal. Und doch ist genau das die Geschichte, die in *Das Schweigen des Meeres* erzählt wird – wie zivilisierte Menschen sich den schlimmsten Krieg aller Zeiten geliefert haben. Käme er heute heraus, würde der große Roman der Résistance bei den derzeitigen Jüngern der Political Correctness ganz bestimmt als «revisionistisch» gelten.

Die Stärke von *Das Schweigen des Meeres* liegt sicher auch in seinem sehr nüchternen Stil: «Das Schweigen breitete sich aus. Es wurde immer dichter, wie Morgennebel. Dicht und reglos. Die Reglosigkeit meiner Nichte und zweifellos auch meine eigene ließen dieses Schweigen zu einer bleiernen Last werden. Auch der Offizier, nunmehr verunsichert, regte sich nicht, bis ich schließlich ein Lächeln auf seinen Lippen entstehen sah.» Es ist ein sehr kurzer Roman (eigentlich fast eine Novelle, denn Vercors war ein begeisterter Katherine-Mansfield-Leser), bei dem es einem kalt den Rücken herunterläuft, der schwer auf einem lastet, einem Unbehagen in der Magengegend bereitet und einen körperlich spüren lässt, wie zerstörerisch und bedrückend die Atmosphäre während der deutschen Besatzungszeit war. Wenn man es sich genau überlegt, hat er sogar etwas vom «Nouveau Roman» – ein ganzes Buch, in dem jemand nicht ein einziges Mal den Mund aufmacht, geschrieben in einem unemotionalen und trockenen Stil: Hier deutete sich bereits an, was nach dem Krieg mit der Clique um Lindon aus den Éditions de Minuit werden sollte.

Platz 41:

FRANÇOISE SAGAN *Bonjour tristesse*

(Bonjour tristesse, 1954)

Die Nummer 41 unserer Hitparade bin immer noch nicht ich, was mir aber gar nichts ausmacht, da es sich um eines meiner Lieblingsbücher handelt: *Bonjour tristesse.* Ich bin mit der Entscheidung unseres Wahlgremiums einverstanden. Manchmal hat die kulturelle Demokratie auch etwas Gutes, vor allem, wenn sie verschlafenen Kritikern und Eliten mit Gedächtnisschwund wieder auf die Sprünge hilft.

Bonjour tristesse ist der erste Roman von Françoise Sagan, vor allem aber ist er eines der seltenen Wunder des vergangenen Jahrhunderts. 1954 nimmt in Carjac im Département Lot ein achtzehnjähriges Papatöchterchen seinen Stift zur Hand und schreibt in sein kleines Heft: «Ich zögere, diesem fremden Gefühl, dessen sanfter Schmerz mich bedrückt, seinen schönen und ernsten Namen zu geben: Traurigkeit. Es ist ein so ausschließliches, so egoistisches Gefühl, dass ich mich seiner fast schäme – und Traurigkeit erschien mir immer als ein Gefühl, das man achtet. Ich kannte es nicht; ich hatte Kummer empfunden, Bedauern und manchmal Reue. Jetzt hüllt mich etwas ein wie Seide, weich und ermattend, und trennt mich von den anderen.» Bereits der erste Abschnitt ihres ersten Buches enthält Sagans ganze Musik, ihren Charme und ihre Melancholie. Für den Rest ihres Lebens hat sie dann nur noch die Süße der Traurigkeit, den Egoismus der Langeweile, die Furcht vor der Einsamkeit durchdekliniert. In Wirklichkeit heißt sie Françoise Quoirez, hat aber als Pseudonym den Namen einer Figur aus *Die Entflohene* von Proust gewählt, da sie bereits mit achtzehn panische Angst vor der verlorenen Zeit hat. Hat sie es deswegen so eilig gehabt? Es ist auch kein Zufall, dass sie den Titel ihres Romans aus einem *La Vie immédiate* überschriebenen Gedicht von Eluard stibitzt hat.

Und was erzählt sie? Die Geschichte von Cécile, dem unglücklichen Kind aus reichem Haus, das mit seinem verwitweten Vater und dessen Geliebter an der Côte d'Azur seine Ferien verbringt. Alles läuft wunderbar, in einer beschwingten und leichten Atmosphäre, bis eines Tages der Vater beschließt, seine Geliebte Anne, eine ziemlich ernsthafte und ausgeglichene Frau, die dieses unbeschwerte Leben zerstören könnte, zu heiraten. Um dieses Vorhaben zu vereiteln, schmiedet Cécile ein regelrechtes Komplott im Stil eines Choderlos de Laclos. Ihr Plan gelingt, aber die Posse endet natürlich, war ich versucht zu sagen, in einer Tragödie. Das Fest kaschiert nicht mehr die Verzweiflung, der Spaß lässt nicht mehr vergessen, dass die Liebe unmöglich ist, das Vergnügen oberflächlich und die Leichtsinnigkeit ernst … «[Mein Vater] war leichtsinnig, unverbesserlich leichtsinnig.» Die kleine Quoirez hat ihre Epoche in dreiunddreißig Tagen eingefangen. Nur selten wird man in diesem Jahrhundert die so unmittelbare Gewissheit eines Zustands absoluter Gnade gehabt haben: «Ich wusste nicht viel von der Liebe: Rendezvous, Küsse und Überdruss.»

Sagan hat zwar einige ihrer nachfolgenden Romane hingepfuscht, ist aber doch Cécile, der Erzählerin von *Bonjour tristesse,* auf ewig treu geblieben. Sie war eine Verrückte und dabei ebenso oberflächlich wie tiefgründig, eine französische Zelda Fitzgerald, die sich ihren Landsitz in der Normandie im Kasino von Deauville verdiente und um ein Haar wie Nimier bei einem Unfall in ihrem Aston Martin ums Leben gekommen wäre, ein verwöhntes Kind, immer imstande, uns, Édouard Baer und mich, in der Mathis Bar (2, rue de Ponthieu, Paris 8e) mit Wodka-Tonic unter den Tisch zu trinken, eine so großzügige Dame, dass sie auf dem Weg ist, völlig abgebrannt und krank, vom Finanzamt gepfändet, kokainsüchtig und von ihrem Gefolge verlassen zu enden … *Bonjour tristesse* war ein Skandal, dann ein gesellschaftliches Phänomen, doch was bleibt heute, wo das Getöse verstummt und vergessen ist, noch davon übrig? Ein vollkommener kleiner Roman, der von einem zerbrechlichen Gefühl überquillt, ein Buch, wie man nur wenige in seinem Leben liest, ein unmöglich zu analysierendes, geheimnisvolles Meisterwerk, dessen Lektüre bewirkt, dass man sich weniger einsam und zugleich einsamer fühlt. Mauriac bezeichnete Sagan zu Recht als «reizendes Ungeheuer». Man muss schon ein Ungeheuer sein, um die Demut zu besitzen, sein ganzes Leben lang als vergnügungssüchtig durchzugehen, wo man eigentlich ein Genie ist und, nebenbei bemerkt, auch die einzige lebende Frau auf unserer Liste.

Platz 40:

THOMAS MANN *Der Zauberberg*

(1924)

Nummer 40 bin immer noch nicht ich, es ist der Deutsche Thomas Mann (1875–1955), der Autor von *Der Tod in Venedig*, dem unsere Befragten den *Zauberberg* (wenngleich viel dicker) vorgezogen haben, vielleicht weil dieses Buch seinem Autor 1929, fünf Jahre nach seinem Erscheinen, den Literaturnobelpreis eingebracht hat.

Die Handlung des *Zauberberg* erinnert ein wenig an die der (zwölf Jahre früher erschienenen) Novelle *Der Tod in Venedig.* In beiden Fällen sind es Reisende, die sich mit sich selbst konfrontiert sehen, Auge in Auge mit der Wahrheit, und die dem 19. Jahrhundert Adieu sagen. Wie schön, da kommen mir glatt die Tränen, sagen wir doch heute dem 20. Jahrhundert Adieu. Der zwischen 1912 und 1923 entstandene *Zauberberg* ist das literarische Meisterwerk der Weimarer Zeit, des demokratischen und kultivierten Deutschland vor Hitler; im Nachhinein kann man ihn nicht aufschlagen, ohne an die Katastrophe zu denken, die er ununterbrochen zwischen den Zeilen ankündigt. In den Augen der ganzen Welt ist Thomas Mann der Anti-Hitler.

Hans Castorp, ein junger Deutscher, besucht seinen Cousin in einem Davoser Sanatorium. (Damals schon? Ja, Davos, der berühmte Schweizer Wintersportort, war bereits Treffpunkt der Herren der Welt; schon lange kommen die großen Kapitalisten gerne dort zusammen.) Eigentlich hätte Hans nur drei Wochen dort verbringen sollen, blieb aber schließlich sieben Jahre dort oben, bis zum Ersten Weltkrieg. Warum? Ist er auch krank geworden? Hat er einfach nichts Besseres zu tun? Sollte er zufällig durchgedreht haben? Nein, dieser Großbürger aus Hamburg – dieser Hamburger also –, der sich in den Bergen wieder findet, ist schlichtweg beeindruckt von der Großartigkeit dieser Landschaft, er entflieht dem modernen Leben, um einen natürlicheren Rhythmus wieder zu entdecken, liest Bücher, öffnet die Augen, erfindet zusammen mit den Patienten dieses Sanatoriums die Welt neu, verliebt sich in eine der Kranken (Claudia Chauchat), kurz und gut, er lebt einfach, verstehen Sie, Leben, diese Geste, die man so schnell vergisst ... «Halte dich still und laß immerhin deinen Kopf hängen, da er nun einmal so schwer ist. Die Wand ist gut, Holzbalken, es scheint eine gewisse Wärme davon auszugehen, soweit hier von Wärme die Rede sein kann, diskrete Eigenwärme des Holzes, möglicherweise mehr Stimmungssache, subjektiv ... Ah, die vielen Bäume! Ah, das lebendige Klima der Lebendigen! Wie es duftet! ...»

Es ist recht witzig festzustellen, dass Tausende von Romanen des 20. Jahrhunderts permanent versucht haben, der Zivilisation zu entfliehen. Als wäre die Literatur der letzte Hort des Widerstands gegen den technischen und industriellen Fortschritt. Thomas Mann (der 1933 auch dem Nationalsozialismus entflieht) ist da nicht der Einzige; da wäre auch noch sein Zeitgenosse Hermann Hesse, da wären Kerouac und all die Travel-Writers – und wenn es hinhaut, kommt dabei *Unter dem Vulkan* von Malcolm Lowry heraus, wenn es danebengeht, *Der Alchimist* von Paulo Coelho. Thomas Mann hat 1924 den *Zauberberg* ins Tal der Zeit hinausgerufen, und das Echo hallt bis heute nach ... bis hin zu *Der Berg der Seele* von unserem französischen Chinesen, dem Literaturnobelpreisträger 2000: Gao Xingjian! (Den Nobelpreis zu ergattern ist im Grunde kein Hexenwerk: Man braucht nur das Wort «Berg» in den Titel seines Buches einzuflechten.)

Thomas Manns Berg, Entwicklungsroman und Wagner'sche Symphonie in einem, hat nicht nur Zauberkräfte, er ist hypnotisch, ja schlafffördernd: ein Zauber, den Stanley Kubrick in seinem Film *Shining* (grob gesagt, knallt jeder auf einem Berg isolierte Schriftsteller am Ende durch) sehr gut gezeigt hat. Milan Kundera erwähnt in seinem *Verratene Vermächtnisse* den «lächelnden und erhaben langweiligen Ton Thomas Manns», und auch wenn das nicht sehr nett ist, entbehrt es nicht ganz der Wahrheit. Ich erinnere daran, dass die beiden Schwestern von Thomas Mann ebenso wie zwei seiner Söhne, Klaus und Michael, sich umbrachten. Und dass es mir selbst ebenfalls nicht besonders gut geht.

Platz 39:

D. H. LAWRENCE *Lady Chatterley*

(Lady Chatterley's Lover, 1928)

Achtung, jetzt wird's kompliziert. Man darf David Herbert Lawrence, genannt «D. H.» (1885–1930) nicht mit T. E. Lawrence, genannt Lawrence von Arabien, verwechseln, der zur selben Zeit lebte (1888–1935), aber nicht auf Platz 39 unserer Hitparade steht, denn er hat nicht *Lady Chatterley* geschrieben.

Es handelt sich um einen etwas anzüglichen Roman, der 1928 die Leute mit seiner Unverblümtheit schockierte: In Italien veröffentlicht, stand er in England und Amerika bis Ende der fünfziger Jahre auf dem Index. Viele Romane unserer Liste sind bei ihrem Erscheinen zensiert worden, so als hätten sie, um auf die Hitliste des Jahrhunderts zu kommen, unbedingt Staub aufwirbeln müssen: *Lolita, Ulysses* und *Lady Chatterley* (in den frankophonen Ländern ruft heute vor allem der Name «Chatterley» hier und da ein Glucksen hervor – allerdings gehörte auch einiges dazu, eine nymphomanische Großbürgerin «Chatterley» zu nennen).

Ein Kind von Traurigkeit ist sie nicht, diese frivole Lady Chatterley. Dazu muss man wissen, dass ihr Gatte Clifford aufgrund einer Kriegsverletzung querschnittsgelähmt ist, was bei dem Förster Oliver Mellors, einem sicher weniger kultivierten, dafür aber männlicheren Typ, nicht der Fall ist. Die sexuelle Erfüllung der Frau wurde seinerzeit völlig vernachlässigt. Lady Chatterley fordert nun im verklemmtesten Land der Welt das Recht auf den Orgasmus ein. Connie

Chatterley ist die Emma Bovary von jenseits des Ärmelkanals, aber auch die Vorfahrin all unserer jungen, von ihrem Körper besessenen Romanschriftstellerinnen; einer Claire Legendre, Alice Massat oder Lorette Nobécourt war sie gerade mal siebzig Jahre voraus.

Es ist hinlänglich bekannt, dass *Lady Chatterley* vor allem eine Hymne auf die Sexualität zwischen Verliebten, auf die Wahrheit der Sinne statt auf den Puritanismus, aber auch auf Freiheit contra Moral, Untreue contra Ehe, Natur contra Gesellschaft und auf die Vermischung der Klassen ist. Bereits 1913 erklärte DHL (der trotz der Initialen seine Briefe nicht durch Kuriere zustellen ließ): «Was bedeutet mir Erkenntnis? Alles was ich will ist, meinen inneren Impulsen nachgeben, und zwar unmittelbar, ohne das nutzlose Eingreifen von Verstand, Moral oder irgendetwas anderem.» Fünfzehn Jahre später geht D. H. Lawrence noch einen Schritt weiter; der Einzug der Sexualität in Lady Chatterleys Leben stellt seiner Ansicht nach eine Revolution ähnlich der marxistischen Zeitbombe dar. Die Lust ist politisch! Lawrence träumt von einer «Demokratie des Berührens», die den Klassenkampf zu transzendieren vermag. Ach, wenn die Reichen doch öfter mit den Armen schlafen würden ... Die Welt wäre harmonischer (außerdem sind die Armen bessere Liebhaber, was den Reiz des Campingurlaubs erklärt). D. H. Lawrence ist ganz bestimmt der Hauptinitiator der so genannten sexuellen Revolution, dieses Sittenwandels, der, wie jedermann weiß, zwischen 1965 (Verbreitung der Pille) und 1982 (Ausbreitung von Aids) stattfand und mittlerweile zu den Akten gelegt ist.

D. H. Lawrence hat zahlreiche interessantere Bücher geschrieben (man denke an *Liebende Frauen* und *Die gefiederte*

Schlange) als dieses freizügige Werk, diesen «Genitalienstrauß» (wie Henry Miller es nannte), der das letzte Werk seines Lebens war, und dennoch hat die Literaturgeschichte ihr besonderes Augenmerk darauf gerichtet. Schlussfolgerung: Die Nachwelt ist eine Edelnutte, die noch untreuer ist als Lady Chatterley (deren Vorbild in der Realität, die Deutsche Frida von Richthofen, Lawrence mit seinem Einverständnis ungeniert betrog). Was den Skandal angeht, funktioniert die Methode immer noch: Man nehme nur *American Psycho* von Bret Easton Ellis und *Elementarteilchen* von Michel Houellebecq, die durch die polemischen Reaktionen erst richtig bekannt gemacht wurden. Wenn der Rummel sich legt, bleiben zwei wichtige Romane des ausgehenden 20. Jahrhunderts, die es verdient hätten, auf dieser Liste zu stehen (was garantiert auf Anhieb der Fall gewesen wäre, hätte die Umfrage in zwanzig Jahren stattgefunden).

Natürlich hätte ich Ihnen auch von meinen sexuellen Erfahrungen mit Tieren sowie manchen Obst- und Gemüsesorten erzählen können, aber das ist ein andermal dran.

Platz 38:

MARGARET MITCHELL *Vom Winde verweht*

(Gone with the Wind, 1936)

Nehmen Sie es mir nicht übel, aber wenn ich bedenke, dass in diesen Top 50 der Bücher des Jahrhunderts nicht einmal ein Gérard de Villiers verteten ist, enttäuscht mich das sehr! Umso mehr, als Platz 38 Margaret Mitchell (1900–1949) mit *Vom Winde verweht* belegt, und zwar nur, weil unsere sechstausend Juroren einen alten Film mit Clark Gable gesehen haben!

Sie werden mir entgegenhalten, der Original-Schinken *Vom Winde verweht* sei besser als der Film und erst recht als das Remake von Régine Deforges *(Das blaue Fahrrad),* selbst mit Laetitia Casta in der Hauptrolle (mmmh, obwohl …). Dazu müssen Sie wissen, dass mein skeptisches Schiefmaul mich im ganzen Quartier de l'Odéon berühmt gemacht hat. Mich, jawohl! (Hier muss sich der geneigte Leser vorstellen, wie ich fünf Sekunden lang die rechte Augenbraue hochziehe.) Nach reiflicher Überlegung, schließlich habe ich ja Politikwissenschaft studiert, sage ich Ihnen, dass es in Bezug auf *Vom Winde verweht* ein Pro und ein Contra gibt.

Das Pro: Na gut, ich gebe ja zu, es ist ein Glück, dass auch ein paar Bestseller in dieser Liste stehen. Vor lauter erzählerischen Experimenten und formalen Neuerungen hätte das 20. Jahrhundert fast vergessen, dass der Roman schlicht und ergreifend eine Geschichte von menschlichen Abenteuern, von verlorener Liebe erzählt und Figuren voller Leidenschaft wie die von Alexandre Dumas erfindet, die dann über Wiesen toben und ihre Pferde treiben (oder zu Pferd toben und es auf den Wiesen treiben) und sich wie Scarlett O'Hara und Rhett Butler vor der Kulisse einer brennenden Stadt küssen. Um der Romantik willen muss einander nachgestiegen, miteinander geschlafen, einander verlassen, einander wieder gefunden und wieder miteinander geschlafen werden! Die Literatur muss ein Cinemascopefilm sein, der in unserem Kopf abläuft.

Das Contra: Es ist und bleibt ein sehr kitschiges, nach uraltem Muster gestricktes Buch – das Historiengemälde, der mörderische Krieg, der zynische Schönling und die verliebte kleine Gans, deren reine Liebe von der Torheit der Männer bedroht ist … Gerade seit der Erfindung des Kinematographen fragt man sich ja, ob die Zeit solcher Geschichten im modernen Roman nicht vorbei ist. Wenn man, um ein so bewegtes und revolutionäres Jahrhundert wie das unsere zu resümieren, nicht mehr als fünfzig Buchtitel zur Verfügung hat, bin ich nicht sicher, dass *Vom Winde verweht* unbedingt dazugehört. Es ist ein Buch des 19. Jahrhunderts! Victor Hugo, ja, aber nicht Max Gallo! Margaret Mitchell, dieser liebenswürdigen Sezessionistin, haben wir es zu verdanken, dass sich in den Buchhandlungen der ganzen Welt Jahr für Jahr Tonnen von Kitschromanen mit historischem Hintergrund und/oder Lokalkolorit stapeln. Wälzer, in denen die Nachmittage «strahlend» sind, die Jungen «lebhaft und dünnhäutig» und in denen die Wimpern der Mädchen anfangen, «flink wie Schmetterlingsflügel» zu klimpern. Haben wir wirklich Jahrhunderte lang darauf gewartet, endlich Derartiges zu lesen: «Scarlett erwiderte nichts, aber ihre Augen glänzten, während sich ihr das Herz in leisem Schmerz zusammenzog. Wäre sie doch nur keine Witwe, wäre sie doch wieder Scarlett O'Hara und dort auf dem Tanzboden in einem apfelgrünen Kleid mit dunkelgrünen Samtbändern, die ihr über die Brust herabhingen …» Wäre doch dieser Roman verweht worden!

Natürlich hätte ich Ihnen auch andere Dinge über Scarlett erzählen können, mein amerikanischer Urgroßvater hat sie gut gekannt, damals in den Docks von Atlanta; in ihrer Jugend nannte man sie «die Gefräßige», und ich kann Ihnen versichern: schüchtern war sie nicht …

Platz 37:

STEFAN ZWEIG *Verwirrung der Gefühle*

(1926)

Den 37. Platz belegt eindeutig *Verwirrung der Gefühle* des österreichischen Autors Stefan Zweig (1881–1942). Diese lange Novelle erschien 1926: ein sehr gutes Jahr, 1926. Das Jahr, in dem Breton Nadja begegnet, in dem die Wege von Bernanos und Satan sich kreuzen und Agatha Christie Roger Ackroyd ermordet. Offensichtlich eines der kreativsten Jahre des Jahrhunderts: In der Zeit zwischen den Weltkriegen schrieben die Leute, ohne zu wissen, dass ihnen bald der Himmel auf den Kopf fallen würde. Zu Beginn des Jahrhunderts hatte die Habsburger Monarchie noch einiges aufzubieten: Schnitzler, Hofmannsthal, Kraus, Musil, aber auch Rilke und Kafka … Später, 1942, als Stefan Zweig merkte, dass die Katastrophe von vorne losging, beging er zusammen mit seiner zweiten Frau in Brasilien Selbstmord.

Dieser Zweig ist nämlich ein sensibler Junge, ein Wiener Poet, ein durch die Arbeiten seines Kumpels Sigmund Freud beeinflusster scharfsinniger und feinfühliger Analytiker des Herzens. Alle seine Bücher erzählen von verhinderter Liebe, von verwickelten Beziehungen, von uneingestandenen oder ungestillten Begierden: Er ist der Meister der psychologischen Literatur. Und *Verwirrung der Gefühle* macht da keine Ausnahme. Dieser in seinen Professor verliebte Student muss in einer Zeit, wo die Homosexualität das Tabu schlechthin ist, am Unglück zugrunde gehen. Roland ist unfähig herauszufinden, was er wirklich fühlt: Ist es Bewunderung, Liebe, Freundschaft, Begierde? Baggert sein Professor ihn an, ist er selbst ein verrückter Aufreißer oder bloß ein Superstreber, der seinem Meister gefallen will? Kaum bietet dieser ihm das Du an, rennt er davon und treibt es am Ende, um auf andere Gedanken zu kommen, mit dessen Frau. Das ist sie, die «Verwirrung der Gefühle»: Solange es um Erinnerung, Vernunft, Phantasie geht, können wir uns auf unseren Kopf verlassen; sobald aber Leidenschaft ins Spiel kommt, ist es damit vorbei. Dann sind wir uns selbst überlassen. Wann weiß man, ob man wirklich verliebt ist? Beschließen wir zu lieben, oder überkommt es uns einfach? Kann man auswählen, wen man liebt, oder begnügt man sich damit, unkontrollierbaren Anwandlungen nachzugeben? Wie soll man sich im Nebel der menschlichen Seele zurechtfinden? (Eigentlich hätte der Titel des Buches genauso gut «Sturm unter einer Schädeldecke» lauten können.)

Verwirrung der Gefühle, diese subtile Beichte einer Faszination, zeigt, wie Pädagogik in Leidenschaft umschlagen kann. Ein solches Erwachen würde ich bei Ihnen auch gerne auslösen! Jeder sensible Schüler kann vor seinem brillanten Lehrer schwach werden (wie in dem Film *Der Club der toten Dichter*). Im Original bei Zweig wird der Lehrer allerdings noch schwächer als der Schüler. Ich persönlich hätte jedoch, wäre ich gefragt worden, nicht dieses Buch gewählt. Man konnte sich auch für *Amok* entscheiden, die Geschichte dieser Frau in Niederländisch-Indien, der ihr Arzt eine Abtreibung verweigert und die daraufhin stirbt; oder für *Vierundzwanzig Stunden aus dem Leben einer Frau*: In einer Nacht verliebt sich eine Frau in Monte Carlo in einen Spieler, der sie benutzt, um wieder ins Casino zu gelangen; oder für *Ungeduld des Herzens*: Auf einem Ball fordert ein Typ ein gelähmtes Mädchen zum Tanzen auf, und um diesen Schnitzer wieder gutzumachen, besucht er sie zu Hause, woraufhin sie sein Mitleid für Liebe hält und sich am Ende umbringt. Als Zusammenfassung für Stefan Zweig schlage ich folgende Formel vor: Zweig = (Goethe + Freud) × Proust. Ich hoffe, Sie zumindest nicht allzu sehr verwirrt zu haben.

Platz 36:

RAYMOND QUENEAU *Zazie in der Metro*
(Zazie dans le métro, 1959)

Na, so was, die Nummer 36 bin ja immer noch nicht ich, was hab ich mir denn bloß vorgestellt? Jetztstehichaberdummda!

Nummer 36 ist Raymond Queneau (1903–1976), der gewaltige Erfinder, der vom Surrealismus über das Collegium der Pataphysik und die *Stilübungen* zum Oulipo gelangte. Überall da, wo man im 20. Jahrhundert die Syntax malträtierte, wo die Wörter verdreht wurden, war dieser verrückte Kerl zu finden. Er ist noch so ein Vergewaltiger der Sprache (nach Céline und vor San-Antonio). Vor allem aber ist er der Autor von *Zazie in der Metro*, das mit einem einzigen Wort beginnt: «Fonwostinktsnso».

Zazie in der Metro kann man als «Teenie»-Version von *Reise ans Ende der Nacht* betrachten, denn der Argot, das gesprochene Französisch, die völlig durcheinander geratene Orthographie, die Wortspiele und phonetischen Verkürzungen sind nicht seine einzigen Waffen. Auch die realistische Erzählweise wird in Frage gestellt: Wie bei seinem Freund Boris Vian scheinen Queneaus Figuren einem Traum entstiegen, geben sich absurden Beschäftigungen hin und haben vor nichts Respekt, nicht einmal vor der Glaubwürdigkeit des Textes. Wollte man eine Gattungsbezeichnung finden, könnte man sagen, Queneau ist Naturalist in Bezug auf die Form und Antinaturalist in Bezug auf den Inhalt, was bei einem herausragenden Mitglied der Académie Goncourt durchaus überraschen mag.

Zazie ist wie *Lolita* zwölf Jahre alt, vögelt jedoch nicht so viel, auch wenn sie die ganze Zeit «am Arsch!» sagt. Sie steigt an der Pariser Gare d'Austerlitz aus dem Zug, um zwei Tage bei ihrem Onkel Gabriel zu verbringen, der als Stripperin in einem «hormosechsuellen» Nachtlokal arbeitet. Sie streifen zusammen durch die Stadt, aber nicht in der Metro, denn die streikt. Dabei begegnen sie Figuren, von denen eine grotesker ist als die andere: Da ist die Kellnerin Mado Ptitspieds, die Witwe Mouaque, der verkrachte Playboy Warenstock-Pédro und Fédor Balanovitch, der Paris-Führer Bei-Neid … Es ist weniger ein Bildungsroman als der Roman einer Verbildung: Zazie erlernt die Freiheit, indem sie eine Hauptstadt aus Pappmaché besichtigt (den Eiffelturm, den Invalidendom, Sacré-Cœur …). Hinter der scheinbaren Oberflächlichkeit dieses Streifzugs verbirgt sich etwas sehr Ernstes. Zazie betrachtet die Welt der Erwachsenen und scheint sich zu sagen: «Ach, das war schon alles?» Woraufhin Gabriel ausruft: «Die Wahrheit, als ob irgendeiner auf der Welt 'ne Ahnung hätte, wasdasis! Das ist doch alles Beschiss!» Am Ende des Buches, als Zazie zu ihrer Mutter zurückkehrt, fragt diese sie:
«Na, hast du dich gut amüsiert?»
«Es geht so.»
«Hast du die Metro gesehen?»
«Nein.»
«Was hast du denn getan?»
«Ich bin älter geworden.»
Da ist es nicht mehr weit bis zu Ferdinand Bardamu oder Holden Caulfield, dem Helden von J. D. Salingers (acht Jahre zuvor erschienenen) *Der Fänger im Roggen,* der ungefähr dieselbe Sprache draufhatte: Zazies «oder nicht?» bildet das Echo zu seinem «und so» und «oder was». Man hätte auch

noch weiter zurückgehen können, bis zu Rabelais zum Beispiel, aber da hätte unser Schätzchen ja graue Haare bekommen, deshalb belassen wir es lieber dabei.

Die bedeutenden Bücher plustern sich oft auf, man meint, sie kämen laut hupend und mit großem Tamtam daher und riefen: «Platz da, Meisterwerk!», während bei der Lektüre von *Zazie in der Metro* alles einfach erscheint; der Humor, die Zärtlichkeit, die Respektlosigkeit, die Nach-mir-die-Sintflut-Haltung machen deutlich, dass ein Genie manchmal in der Lage sein muss, sein Genie zu verbergen, um ein wahres Genie zu sein. Dabei geht es keineswegs um falsche Bescheidenheit, sondern um wahre Eleganz, denn wie sagt doch Queneau: «Nur wer liest, wird zum Lieschen.» Sollte das größte Verdienst dieses Buches vielleicht sogar in dem endgültigen Beweis bestehen, dass Avantgardismus und Spaß keineswegs unvereinbar sind?

Platz 35:

FRANÇOIS MAURIAC *Thérèse Desqueyroux*

(Thérèse Desqueyroux, 1927)

Wenn ich *Thérèse Desqueyroux* von François Mauriac (1885–1970) sage, werden Sie entweder einschlafen, dieses Buch zuklappen oder aber die Gelegenheit nutzen, sich in der Küche etwas zu essen zu holen, und doch werden Sie es sich damit etwas zu einfach machen: Denn auch wenn Mauriac ein düsterer, (laut Nimier und Sartre) sogar mittelmäßiger Romancier ist, so verdient er seinen Literaturnobelpreis (1952) sehr wohl, und ich will Ihnen auch erklären warum.

Thérèse Desqueyroux (gesprochen Deskejeruhs, das ist gaskonisch) hat versucht, ihren Gatten Bernard zu vergiften. Sie wird verhaftet, doch ihr Mann sorgt für ihre Freilassung, um die Familienehre zu retten. Sie können sich die Stimmung vorstellen, als sie in ihr eheliches Heim zurückkehrt! Opfer und Henker zugleich, ist sie, sagen wir, mäßig willkommen. Ihr Mann schikaniert sie hinfort, um sie in den Selbstmord zu treiben, lässt sie aber im letzten Augenblick gehen.

In dieser Kurzfassung hört sich das Ganze natürlich an wie ein fades Fernsehspiel in den dritten Programmen, aber man muss sich einfach in die damalige Zeit zurückversetzen: Dieser 1927 erschienene zehnte Roman von Mauriac ist ein ultramassiver Angriff gegen die spießige Provinzbourgeoisie (die er gut kennt, da er lange vor der Eröffnung der Techno-Bars am Ufer der Garonne in Bordeaux zur Welt kam). Ein durch Heuchelei vergiftetes Milieu, in dem stets der Schein gewahrt werden muss, mit seinem gehässigen Tratsch, seiner kleinlichen Eifersucht, seinen eingefädelten Ehen, seinen traumatisierten Generationen. Mauriac, das ist der heterosexuelle Gide (offiziell jedenfalls)! Thérèse Deskejeruhs kostet von den irdischen Früchten; gleich einer vom Pinienduft der Landes umgebenen Lady Chatterley, einer Anna Karenina ohne die Tundra oder einer nichtadeligen Princesse de Clèves ruft sie aus: «Ich weiß nicht, was ich gewollt habe», und das in einem sehr modernen, helldunklen, flüssigen, einfachen Stil, alles mit feinen Pinselstrichen skizziert und angedeutet, ohne jede Schwerfälligkeit – kurz, große Kunst.

Eine Frau hat immer Recht, wenn sie ihre Sinnlichkeit ausleben will. Schließlich hat man nur ein Leben; sollte man das mit einem finsteren Vollidioten verplempern, nur weil er Geld hat, weil alle Welt es genauso macht und weil man dazu erzogen wurde, den Mund zu halten? Nein, Teufel nochmal! «Thérèse Deskejeruhs» ist der erste feministische Roman, so viel ist sicher: Mauriac-Beauvoir, ein und derselbe Kampf! Thérèse ist Zerstörung pur, «sie raucht wie ein Schlot», flieht aus ihrem Gefängnis, und alle Frauen des 20. Jahrhunderts sind ihr gefolgt. Doch Thérèse Desqueyroux ist eigentlich er, Mauriac (er selbst hat erklärt, sie sei sein «weiblicher Doppelgänger», gleichsam eine Neuauflage von Flaubert mit seiner Bovary): Sein ganzes Leben lang hat er die Welt, der er angehörte, kritisiert, ohne ihr je anders zu entfliehen als durch die Literatur. Mauriac ist ein gefährlicher Spion, ein Reicher, der die Reichen hasst, ein Verräter seiner Klasse, der durch die städtischen Abendgesellschaften und die Académie Française zieht, um sich gehässige Bemerkungen über seine hochmögenden Artgenossen zu notieren. Er vollführt einen Drahtseilakt, bei dem ihm permanent der Absturz droht. Seine Faszination für die Sünde ist seine Art sich aufzulehnen. Wie jeder gute Katholik wird er vom Verbotenen angezogen. Ohne Schuld verliert das Laster seinen Sinn (so das Credo der Papisten Sollers und Ardisson). Mauriac ist überholt, aber das ist ihm schnuppe; heute würde er sich langweilen, weil alles erlaubt ist! Ob er in den Backrooms der Landes Ecstasy schlucken würde? Ob Thérèse Desqueyroux einen Latexanzug tragen und in einer umgewidmeten Kirche Sadomaso-Sitzungen organisieren würde? Was man Mauriac letztlich vorwirft, ist, dass er nie falsch gelegen hat (gegen die Säuberung, gegen den Algerienkrieg usw.); nichts ist lästiger als jemand, der immer Recht hat.

Platz 34:

WILLIAM FAULKNER *Schall und Wahn*
(The Sound and the Fury, 1929)

Auf dem 34. Platz bricht *Schall und Wahn* aus, das umfängliche und sonderbare Werk des Amerikaners William Faulkner (1897–1962), Literaturnobelpreisträger 1949. Der Grundgedanke des Buches ist an sich schon sehr originell: von dem berühmten Shakespeare'schen Satz «Ein Märchen ist [das Leben], erzählt von einem Blöden, voller Klang und Wut, das nichts bedeutet» auszugehen und sich ihn als Zwang aufzuerlegen. Dem anderen William zu gehorchen! Folglich ist *The Sound and the Fury* ein Buch voller Klang und Wut, erzählt von einem dreiunddreißigjährigen kastrierten Idioten namens Benjy, der in seine jüngere Schwester verliebt ist (die in Anlehnung an das englische Wort «cadet» für «jüngerer Sohn, jüngere Tochter» Caddy heißt, dieses Buch ist nämlich entgegen allem Anschein doch stimmig). Am Anfang versteht man kaum etwas; in einem langen Monolog werden Figuren und Epochen vermischt. Das muss aber Absicht sein, schließlich spricht ja ein Schwachsinniger.

Im Staat Mississippi im Süden der Vereinigten Staaten sind offensichtlich alle hysterisch. Caddys zwei andere Brüder, Quentin und Jason, bringen ihre Eifersucht und ihre Verrücktheit in einer ganz anderen Sprache zum Ausdruck; die schwarzen Dienstboten sprechen ein Kauderwelsch wie in *Vom Winde verweht* (das kurz darauf erschien); ihr alkoholkranker Vater krepiert am Ende; wenn die Figuren nicht Selbstmord begehen, hüpfen sie in jedes Bett. Hat Faulkner vielleicht die Shakespeare'sche Vorgabe wortwörtlich befolgen, d. h. eine Geschichte schreiben wollen, die «nichts bedeutet»?

Keineswegs. Sagen wir es rundheraus: Faulkner ist zwar nicht leicht zu lesen, dafür aber zu Glanzleistungen fähig, die an Hexerei grenzen. Er verzaubert uns, hypnotisiert uns, so wie diese gerasterten Pop-Art-Gemälde, die man, wenn man mehr als einen Haufen Punkte sehen möchte, nur aus einer gewissen Entfernung betrachten darf. Die Faulkner'sche Oper verlangt Abstand, und wenn man sie genießen will, darf man nicht zögern, die schwer verständlichen Passagen zu überspringen, um zu einem packenden Bild zu gelangen, zum Beispiel dem von Quentin, der seine Armbanduhr zerschmettert, um die Zeit wieder zum Leben zu erwecken (eine Metapher, die Jean-Paul Sartre derart verblüffte, dass er ihr eine Abhandlung mit dem Titel «Die Zeitlichkeit bei Faulkner» widmete). Wenn Kunstwerke schwer zugänglich sind, wird man in der Regel für seine Mühe belohnt; das Gehirn vergisst die Schwierigkeit, nicht aber die Bilder. Was natürlich nicht immer der Fall ist, ein Buch kann nämlich durchaus kompliziert und inhaltsleer zugleich sein.

Nicht jeder ist schließlich ein Faulkner. Wie immer bei den Genies, die im 20. Jahrhundert ihre ganz eigene Sprache erfunden haben, besteht das Problem eher in den hirnlosen Nachahmern, die sich von ihnen inspirieren ließen. Proust ist schuld, dass eine ganze Menge französischer Autoren meint, sie müssten lange Sätze über ihre Mamas bilden, um intelligent zu erscheinen; dank Joyce hält sich jeder Scharlatan, wenn er nur unlesbar ist, für einen Poeten; und wenn ein Großteil der amerikanischen Literatur von dicken Wälzern aus dem «Tiefen Süden» («Deep South») mit Vergewaltigung, Inzest, Mord und trunksüchtigen Farmern vereinnahmt wird, liegt das an Faulkner, den Nabokov wegen seiner «Maisbauernchroniken» verspottete. Armer Faulkner: Nachdem die eleganten Abendgesellschaften im Smoking bereits von Fitzgerald und die kurzen Sätze von Hemingway in Beschlag genommen waren, entschied er sich zwischen zwei Whiskys und drei Drehbüchern, die er in Hollywood nicht loswurde, für das, was übrig blieb. Es ist der Mühe wert. Üben Sie jeden Morgen, «Yoknapatawpha» (den Namen seines fiktiven Landstrichs) auszusprechen; das ist schicker als «Pétaouchnok».

Platz 33:

GABRIEL GARCÍA MÁRQUEZ *Hundert Jahre Einsamkeit*
(Cien años de soledad, 1967)

In Anbetracht der Tatsache, dass nicht ich auf Platz 33 stehe, sondern *Hundert Jahre Einsamkeit* von Gabriel García Márquez (geboren 1928), meinen manche Leute, ich selbst sei verrückt vor Einsamkeit und essigsauer eingelegt, was selbstverständlich ganz und gar der Wahrheit entspricht.

Cien años de soledad ist 1967 wie ein Erdbeben von Kolumbien her über uns hereingebrochen. Man kann sagen, dass es in der Literaturgeschichte dieses Jahrhunderts ein Vor und ein Nach diesem Buch gibt. Seit seinem Erscheinen hat man nämlich Geschmack gefunden an diesen epischen Latino-(Dino-Maus-und-du-bist-aus-)Romanen mit ihrem Bilderreichtum, ihren völlig verrückten Figuren, ihren überraschenden, tropischen Wendungen. Übrigens ist es interessant festzustellen, dass die großen Romane des 20. Jahrhunderts oft auf dem Wunsch beruhen, das Universum zu komprimieren: ein Tag mit einem Alkoholiker in Dublin, das Leben in einem Pariser Mietshaus oder, wie hier, hundert Jahre in der Geschichte eines imaginären, vom Rest der Welt abgeschnittenen kolumbianischen Dorfes namens Macondo.

García Márquez hat sich dafür entschieden, uns die Geschichte der Buendia-Dynastie zu erzählen, angefangen bei José Arcadio, dem Gründer des Dorfes, über Oberst Aureliano, den Marionettendiktator, der an General Alcazar in *Tim und die Picaros* erinnert, bis hin zu Arcadios Enkel mit dem Schweineschwanz. Macondo erlebt die ganze Größe und

Dekadenz des 20. Jahrhunderts: Am Anfang ist es ein kleiner, sympathischer Flecken mit seinen eigenen Legenden (zum Beispiel, dass der Pfarrer, sobald er Kakao getrunken hat, in der Luft schwebt); mit dem Beginn der modernen Zeit bekommt der Zauber jedoch ein industrielles Gesicht, Eisen wird von Magneten angezogen, die Distanz durch Ferngläser verringert, die Zeit durch Fotos angehalten, dazu all diese Erfindungen, die so merkwürdig sind wie der Stein der Weisen: Straßen, Arbeit, Erziehung, Verwaltung, Fernsehen, alles sicher nützliche Dinge, die uns aber uns selbst entfremden.

Dann der Ausbruch des Krieges, die Ankunft der amerikanischen Ausbeuter, und alles wird von einer vier Jahre andauernden Regenflut weggespült. *Hundert Jahre Einsamkeit* ist ein tragikomisches, ebenso gewaltiges wie lächerliches Epos, das oft mit *Don Quichotte* verglichen wurde, aber mehr der Bibel ähnelt, mit seiner Genesis, seinem Exodus, seiner Sintflut und seiner Apokalypse; ja genau, es ist eine Latino-Bibel, eine Salsa-Bibel, eine «Buena Vista Social Bibel», verfasst in einem lyrischen und verblüffenden Stil. Passen Sie auf, ich werde es Ihnen gleich beweisen, hören Sie sich das mal an:

«Er war schon so ziemlich allen Plagen und Verhängnissen entronnen, die je das Menschengeschlecht gegeißelt hatten. Er hatte die Pellagra in Persien überlebt, den Skorbut im Malaiischen Archipel, den Aussatz in Alexandrien, die Beriberi in Japan, die Beulenpest in Madagaskar, das sizilianische Erdbeben und einen Massenschiffbruch in der Magellanstraße.»

Das ist doch der helle Wahnsinn, oder? Angelo Rinaldi übertreibt, wenn er meint, dieses Buch hätte «Hundert Jahre

Seichtigkeit» heißen sollen, auch wenn es immer Spaß macht, die altehrwürdige Kritikergröße Jean Daniel zu ärgern. Sergeant García Márquez lebt immer noch, er hat 1982 den Literaturnobelpreis bekommen, und viele barocke Schriftsteller haben ihm alles zu verdanken: José Saramago, Günter Grass oder Salman Rushdie, die beiden Erstgenannten bereits nobelpreisgeschmückt, Letzterer nobelpreiswürdig. Und die Moral: Schreiben Sie ausufernde und unübersichtliche Romane und Sie haben größere Chancen auf den Nobelpreis, als wenn Sie Marguerite Duras paraphrasieren.

Platz 32:

ALBERT COHEN *Die Schöne des Herrn*
(Belle du Seigneur, 1968)

«Er stieg vom Pferd, schritt an den Heckenrosen und Haselnusssträuchern entlang, gefolgt von den beiden Pferden, die der Stallbursche an den Zügeln führte, schritt in der raschelnden Stille, mit nacktem Oberkörper in der Mittagssonne, schritt lächelnd, fremd, fürstlich und siegesbewusst.» Ja, das wäre also Nummer 32 auf der Liste der fünfzig Bücher des Jahrhunderts, und mir bliebe, genau wie Adrien Deume, nur das Pathos.

Die Schöne des Herrn von Albert Cohen (1895–1981) ist bei ihrem Erscheinen im Jahr '68, mitten in der Pseudorevolution junger Bürgerlicher, die sich ihrer Herkunft schämten, ein unbekanntes Literaturobjekt. Albert Cohen sitzt dreiundsiebzigjährig als pensionierter Diplomat im Morgenmantel in Genf, es ist sein dritter Roman nach *Solal* und *Eisenbeißer.* Wie hat dieser Jugendfreund von Marcel Pagnol eine so unglaubliche, junge, wirbelige, leidenschaftliche und zugleich schwarze, grausame, pessimistische, unmögliche Liebesgeschichte verfassen können?

Wir schreiben die dreißiger Jahre, und Solal ist ein hübscher Jude aus Céphalonia, ein hoher Beamter beim Völkerbund, der sich in Ariane, eine verheiratete Frau, verliebt und sie über dreihundertfünfzig Seiten hinweg anbaggert, bis sie Adrien Deume, ihren armseligen Ehemann verlässt, der sich erschießt. Endlich frei, liebt sich das Paar keine drei Jahre (Anspielung auf ein verkanntes Meisterwerk), sondern drei

Kapitel lang, bis zum Tod: Die Liebe hinter verschlossenen Türen, das «Erhabene in einem fort» führen zur Langeweile oder zur Selbstzerstörung. Tausende von Romanen haben diese Geschichte bereits erzählt: Tristan und Isolde, Romeo und Julia, Paul und Virginie, Daniel Ducruet und Fily Houteman, warum also gehen uns Ariane und Solal so nah?

Ich glaube, das liegt an der Kraft einer vollkommen freien Erzählweise, die sehr zynisch und zugleich sehr romantisch ist (Cohen nannte sie seine «ruhmreiche Krebswucherung»). Dazu muss man wissen, dass Albert Cohen dieses Buch nicht geschrieben, sondern über vierzehn Jahre hinweg seiner Sekretärin und dann seiner Frau Belle laut diktiert hat, was manche Länge (Arianes Monologe in der Badewanne zum Beispiel), vor allem aber diesen beschwörenden Lyrismus erklärt. Cohens Ausdruck, seine Art, den Leser anzupfeifen, seine eigenen Figuren zu kritisieren, sich selbst in Szene zu setzen, das alles entspricht ganz und gar dem Zeitgeist: Er erinnert an Boris Vian und lässt bereits Jean Echenoz erahnen. Dazu kommt sein jüdischer Humor, demütig und überheblich zugleich, der seine Brüder lächerlich macht und ihr Leiden verherrlicht. Wie alle bedeutenden Bücher ist *Die Schöne des Herrn* ein unerschöpfliches Reservoir; jede Lektüre eröffnet einem neue Dimensionen. Man kann es als Pamphlet gegen die Verfolgung durch die Nazis betrachten, als Verführungshandbuch für alternde Playboys à la Restif de la Bretonne, als Kritik des modernen Paares und der Proustschen Eifersucht, als bissigste Satire auf die Bürokratie seit Courteline, als Loblied auf die wahre Liebe im Gegensatz zur vorgetäuschten Leidenschaft, als Karikatur der müßiggängerischen und narzisstischen Bourgeoisie (Ariane, diese ebenso rührende wie lächerliche Figur) …

Meiner anmaßenden Meinung nach sollte *Die Schöne des Herrn* nicht auf dem zweiunddreißigsten, sondern auf einem der ersten fünf Plätze dieser Liste stehen. Es ist zwar ein unvollkommenes Buch, aber was macht das schon, alles, was schön ist, ist unvollkommen, schauen Sie nur mich an!

Ich liebe Sie, Albert Cohen, prachtvoller Greis, der kein Viagra brauchte, um noch voller Lebenskraft zu sein. *Die Schöne des Herrn* ist kein Buch, es ist eine Droge, ein Testament, ein Geschenk des Himmels, ein Kreuzweg, eine Stabübergabe, ein Buch, das man zärtlich streichelt, das man in Ehren hält, das man seinen Freunden schenkt und das einen besser macht, einem die Augen öffnet, einen verwandelt, indem es einen dazu bringt zu lachen, zu weinen, zu lieben und den Tod zu erwarten, aufrecht, stolz und allein und tapfer und, mannomann, wann höre ich endlich auf, einen so erbärmlichen Quatsch zu faseln?

Platz 31:

JEAN GIONO ***Der Husar auf dem Dach***

(Le Hussard sur le toit, 1951)

Bevor es ein Film von Guillaume Rappeneaus Onkel wurde, war *Der Husar auf dem Dach* ein Roman von Jean Giono, dem französischen Faulkner (na, endlich mal ein Typ aus dem Süden). Die sechstausend Mitglieder unseres Wahlgremiums haben sich, wie es scheint, stark durch die Bücher beeinflussen lassen, die verfilmt worden sind. Warum, glauben Sie, tauchen *Die Verachtung*, *Die Sonne Satans*, *Vom Winde verweht* oder *Der Name der Rose* in diesen Top 50 des Jahrhunderts auf? Weil die Leute sie im Kino gesehen haben, das ist weniger anstrengend, als sie zu lesen.

Ein echtes Meisterwerk der Literatur darf aber gar nicht verfilmbar sein, es ist dazu geschaffen, die Schriftform zu bewahren. Niemandem ist es gelungen, *Reise ans Ende der Nacht*, *Ulysses* oder *Die Schöne des Herrn* zu drehen. Aber ich schweife ab, das geht mich nichts an, kehren wir zu *Der Husar auf dem Dach* zurück, dem Roman von Giono, der am meisten an Stendhal erinnert.

Was hat dieser Husar überhaupt auf dem Dach zu suchen? Na, er flieht 1838 vor einer Cholera-Epidemie in Manosque, der Geburtsstadt Gionos. Er heißt Angelo Pardi (nicht zu verwechseln mit Branduardi, der nicht Husar, sondern sardischer Barde ist). Angelo ist ein Italiener, der durch die mit blauen Leichen übersäte Provence zieht und die Kranken einreibt, um ihnen das Leben zu retten. Er verliebt sich in Juliette Binoche, 'tschuldigung, in Pauline de Théus, und gemeinsam trotzen sie allen Gefahren, doch dann ereilt sie die Krankheit, und Angelo pflegt sie, das heißt, er rubbelt und reibt, an den Füßen, den Beinen, den Schenkeln, er arbeitet sich hoch, am Bauch, hm, hm, ganz heiß, und sie duzt ihn, während er sie siezt, aber er bringt sie zu ihrem Mann zurück, denn er ist ein Ehrenmann (sollte er womöglich ein bisschen «hormosechsuel» sein, wie Queneau sagen würde?).

Wir werden also hineingezogen in ein ökolo-(und manchmal demago-)gisches Road-Book mit zahlreichen unerwarteten Wendungen, mit Großmut in Hülle und Fülle, tapferen und gütigen Figuren, das Ganze gewürzt mit Schrecken, Gewalt, Mut und Landschaften, die in ihrer majestätischen Schönheit einem Reise-Hochglanzmagazin entstammen könnten. Schlussfolgerung: Schon als Buch war *Der Husar auf dem Dach* ein Film. Ich bevorzuge eher den von Pascal angehauchten *Ein König allein (Un Roi sans divertissement).*

Natürlich stellt man bei näherem Hinsehen fest, dass Giono einen echten Romanhelden schaffen wollte, wie man ihn heute nicht mehr findet. Sein Pazifismus, der die Rückkehr zur Scholle preist, hat ihm nach dem Ende der Nazibesetzung die Inhaftierung als Vordenker des Vichy-Regimes eingebracht. Wie konnte er sich auch darauf einlassen, für eine Zeitschrift mit dem Titel *La Gerbe* (dt. Die Garbe) zu schreiben! Nach dem Krieg erfindet er also einen vollkommenen Menschen, der durch sämtliche Katastrophen hindurch auf vorbildliche Weise die Ruhe bewahrt – den Menschen, der er nicht war? Damit ist er gewissermaßen der Vorfahr der Literaturgruppe der «Husaren» (Nimier, Déon und Haedens brachten ihm übrigens eine leidenschaftliche Hommage dar). Er verficht keine rechte, sondern eine rechtschaffene

Literatur, wobei er dem Schelmenroman à la Dumas und dessen stolzen Abenteurern wieder zu Ehren verhilft.

Und wie soll man dieser schönen Geschichte einer unerfüllten Liebe (ähnlich der, welch merkwürdiger mikrobieller Zufall, in *Die Liebe in den Zeiten der Cholera* von García Márquez) widerstehen? Die schönsten Leidenschaften sind solche, die nicht stattfinden. Oder würden wir ein Wort darüber verlieren, wenn Pauline am Ende ihren Ehemann in die Wüste geschickt hätte, um sich mit dem hübschen Angelo in einer 3-ZKB-Wohnung in einem Vorort von Turin niederzulassen? Natürlich nicht, und der Film hätte den Titel «Die Schmutzigen, die Hässlichen und die Gemeinen» bekommen.

Platz 30:

ANDRÉ GIDE *Die Falschmünzer*

(Les Faux-Monnayeurs, 1925)

Mir liegt persönlich sehr daran, dass Nummer 30 André Gide, der Literaturnobelpreisträger 1950, ist, auch wenn angeblich «die Natur den Gide verabscheut».

André Gide wurde 1869 im 6. Pariser Arrondissement (19 rue de Médicis) geboren und starb 1951 im 7. Pariser Arrondissement (1 *bis*, rue Vaneau) – hat also ein ganzes Leben gebraucht, um von einem Arrondissement ins nächste zu ziehen. Er leidet unter dem Ruf, zu sehr Großschriftsteller zu sein, ein alter Griesgram also, und das nur, weil er 1908 die Zeitschrift *La Nouvelle Revue Française* mitbegründete und weil André Rouveyre ihn den «wichtigsten Zeitgenossen» und Arthur Cravan «den Schmierenkomödianten» nannte. In Frankreich hat es immer solche Schriftsteller gegeben, eine Art intelligenter und dennoch großbürgerlicher Gurus. Gerade das macht die Größe unseres Landes aus. So verklemmt war Gide aber gar nicht, wie *Die Falschmünzer,* sein einziger und einzigartiger Roman, zeigt. Gide war ein reicher Hugenotte, der schlechten Umgang pflegte. Er selbst formulierte es so: «Ich bin nur ein kleiner Junge, der sich vergnügt, und zugleich ein protestantischer Pfarrer, der sich langweilt» *(Tagebuch).* In seiner Jugend war dieser Dandy sogar höchst rebellisch: Tatsächlich lässt Gides Leben sich als Wandlung von leidenschaftlicher Rebellion zum Leiden und von den Sinnen zum Sinn beschreiben.

Die Falschmünzer ist ein polyphones, kaleidoskopisches, geometrisches, facettenreiches Buch (bitte kreuzen Sie die Metapher Ihrer Wahl an). Es kommen fünfunddreißig Personen (Schüler, Studenten, Schriftsteller, Mädchen, Jungen, vor allem Jungen) vor, deren Wege sich in Paris kreuzen und die alle denselben Wunsch haben: ihrem vorgezeichneten Schicksal, das wie Falschgeld ist, zu entrinnen. Sie sagen zwar nicht: «Familie, ich hasse dich», weil Gide das bereits 1897 in *Uns nährt die Erde* gesagt hat, hegen aber doch sehr stark diesen Gedanken. Dennoch hat Gides mächtiger Roman heute an Aktualität eingebüßt, er schockiert niemanden mehr, und im Jahr 2001 wachen die jungen Leute nicht mehr mitten in der Nacht auf, um ihn zu verschlingen.

Doch wie so oft hat die Jugend Unrecht, denn *Die Falschmünzer* ist eine Hymne an die Freiheit. Freiheit in der Form, Freiheit im Inhalt. Bei Gides Tod sind Sartre (in *Les Temps modernes*) und Camus (in *Combat*) endlich übereingekommen (und Gott weiß, wie schwierig das war!), Gide als freiesten Schriftsteller des Jahrhunderts anzuerkennen. Warum? Weil er imstande war, seine Irrtümer zuzugeben (wie bei seiner Rückkehr aus der UdSSR) und sich mit seinen eigenen Widersprüchen (wie dem Sextourismus) auseinander zu setzen. Und wie frisch er noch heute wirkt! Der Roman *Die Falschmünzer* ist der Schrei der Aufrichtigkeit einer Bande von Jugendlichen in einer Zeit, die sich behaglich in der Lüge eingerichtet hat. Dreiundvierzig Jahre vor Mai '68 war der alte Griesgram ein wahrer Rebell, ein hedonistischer Immoralist, der schon damals, während Proust im stillen Kämmerlein blieb, zuzugeben wagte, dass er die Kerle liebte.

Ganz aktuell ist auch, dass Édouard, eine der Figuren in *Die Falschmünzer*, einen Roman mit dem Titel *Die Falschmünzer* verfasst (so wie Gide in *Paludes* schreibt: «Ich schreibe *Paludes*»). Außerdem hat Gide ein Jahr später das *Tagebuch der Falschmünzer*, in gewisser Weise dessen «making off», herausgebracht. Heute schreibt alle Welt «Romane im Roman», aber – Ehre, wem Ehre gebührt – in der Literatur hat Gide (nach Pirandello im Theater, der sich an Shakespeares Stück im Stück orientierte) die «Mise en abîme» erfunden.

Und schließlich machen *Die Falschmünzer* einen feinsinniger, d. h. vielschichtiger. Was ist die Literatur anderes als eine elegante Art der Haarspalterei? Zuweilen scheint Gide, der ein paar Jahre zuvor seine Ablehnung von *In Swanns Welt* formuliert hatte, Proust nachzuahmen: «Laura lieben oder mir einbilden, dass ich sie liebe – mir einbilden, dass ich sie weniger liebe, oder sie weniger lieben, wer sähe da noch den Unterschied? Im Reich der Empfindungen ist das Wirkliche vom Eingebildeten nicht zu trennen. Und wenn es genügt, sich einzubilden, dass man liebt, um zu lieben, so genügt es auch, sich zu sagen, man bilde sich nur ein zu lieben, wenn man liebt, um sogleich etwas weniger zu lieben, ja sich etwas von dem Geliebten zu lösen …» Das Lesen dieser Art von Prosa ist wie ein Workshop zur beschleunigten Gehirnentwicklung. Der Beweis? Schauen Sie mich an. Da sieht man nichts? Na gut, mit bloßem Auge vielleicht nicht, aber im Innern bin ich der Yoda.

Lies Gide und du wirst an Tiefe gewinnen.

Platz 29:

DINO BUZZATI *Die Tatarenwüste*

(Il deserto dei tartari, 1940)

Sie wollen wissen, wer die Nummer 29 ist? Warten Sie … Nur keine Eile … Wir haben jede Menge Zeit … Haben Sie ein bisschen Geduld …

Just um die Erwartung geht es in *Die Tatarenwüste,* einer phantastischen Fabel des Italieners Dino Buzzati (1906–1972). Viele Bücher des Jahrhunderts stellen unsere Geduld auf eine harte Probe: *Das Ufer der Syrten* von Julien Gracq, das zehn Jahre später erschien, ebenso wie *Warten auf Godot* von Beckett oder, in jüngerer Zeit und in einem ganz anderen Genre, *Die Liebe in den Zeiten der Cholera* von García Márquez. Im Grunde muss jedes gute Buch die Erwartung schüren, zumindest die des Lesers; damit er Lust hat weiterzublättern, bedarf es einer gewissen Anspannung, und was bewirkt eine stärkere Anspannung, als ihn warten zu lassen? Lesen heißt, auf die nächste Seite zu hoffen. Man mag das Buch am allerliebsten, das es geschafft hat, einem die Zeit zu vertreiben (das nennt man die «Spannung» oder den «Motor der Erzählung», je nachdem, ob man Alfred Hitchcock oder Schüler einer Elite-Hochschule ist.

In der Festung Bastiani, die die Wüste überragt (wir wissen weder genau wo noch wann, um aber so zu tun, als seien wir gebildet, behaupten wir mal, der Kontext sei borgesisch), suchen die Soldaten unablässig den Horizont nach irgendeinem Vorkommnis ab, das ihre Existenz rechtfertigen könnte. Irgendetwas, nur keine Langeweile! Die Metapher ist klar:

In unserem an Katastrophen reichen Jahrhundert haben die Leute immer auf eine bessere Welt gehofft und das Gegenteil bekommen. Folglich lechzen sie mittlerweile, wie Leutnant Drogo, nach Unglück. Ob man ein Drama fürchtet oder herbeisehnt, kommt letztlich ungefähr aufs selbe raus. In dieser Ambivalenz liegt das ganze Geheimnis von *Die Tatarenwüste.* Nichts passiert, und dennoch vergeht das Leben. Leutnant Drogo wird Hauptmann, hat aber fünfunddreißig Jahre seines Lebens in dieser nutzlosen Festung verplempert, und als der Angriff dann wirklich stattfindet, bekommt er ihn nicht einmal mit. Nicht umsonst wurde Buzzati von gewissen Kritikern «der Kafka der Sonne» genannt (ein Beiname, der, nebenbei bemerkt, auch Albert Camus hervorragend zu Gesicht gestanden hätte).

Vor kurzem hat eine junge, neunundzwanzigjährige Frau, Anna Gavalda, eine Sammlung witziger Novellen mit dem Titel *Je voudrais que quelqu'un m'attende quelque part* (dt. «Ich wünsche mir, dass irgendwo jemand auf mich wartet») veröffentlicht. Leutnant Drogo sucht das Gegenteil: Er würde gerne irgendwo auf irgendjemanden warten. Wir alle sind entweder die eine oder der andere. Wenn wir verliebt sind, warten wir, dass das Telefon klingelt. Wenn wir krank sind, warten wir auf die Genesung. Wenn wir sehr krank sind, warten wir auf den Tod. Leben heißt warten, dass uns irgendetwas widerfährt. Man glaubt alles in der Hand zu haben, aber, um mit Vialatte zu sprechen, «der Mensch (ist) ein Tier mit Schlapphut, das an der Ecke rue de la Glacière auf den Bus der Linie 27 wartet». Das ist alles. Und obendrein fängt es vielleicht noch an zu regnen. Der Mensch ist ein verängstigtes Tier, das dennoch nicht anders kann, als darauf zu hoffen, es möge schön werden. Buzzati hat die Metaphysik transformiert. Wenn es kein Jenseits mehr gibt, wozu dient das Leben dann überhaupt? Dazu, nichts zu erwarten, aber es trotzdem zu erwarten. Die Kunst wird also so etwas wie ein langes Patiencespiel. «Niemand schaut zu, niemand wird dir applaudieren», und dennoch ist jedes menschliche Wesen ein Held, der sich unablässig von der Existenz versetzen lässt.

Platz 28:

JAMES JOYCE *Ulysses*

(Ulysses, 1922)

Ulysses von James Joyce (1882–1941) hat seinen Platz in dieser Hitparade mehr als verdient, und sei es auch nur nach Gewicht. Als bedeutendster Roman im Werk eines alkoholsüchtigen, fast blinden, in den zwanziger Jahren ins Fouquet's emigrierten Iren, an dessen vierzigstem Geburtstag er in Paris erschien, ist *Ulysses* vor allem eine «Enzyklopädie aller Genres», die in der Literatur dieselbe Revolution ausgelöst hat wie der Kubismus in der Malerei. Im Übrigen sei die Frage erlaubt, wie viele der sechstausend Personen, die ihren Stimmzettel zurückgeschickt haben, um diese Rangliste zu erstellen, die über achthundert Seiten von *Ulysses* bis zur letzten Zeile gelesen haben …

Ich bin fein raus, ich habe einen ganzen Trupp von Lakaien, die für mich lesen: Patrick Poivre d'Arvor, Claire Chazal und Philippe Labro, ach was, ich mache Witze, in Wahrheit bin ich mutterseelenallein.

Ulysses zusammenzufassen würde drei Stunden dauern, wir haben aber nur drei Seiten. Sagen wir, der Roman erzählt in Form einer Collage die alltäglichen Wege, die ein Dubliner namens Leopold Bloom in Begleitung seines Freundes Stephen Dedalus an einem einzigen Tag, am Donnerstag, dem 16. Juni 1904, durch seine Theaterstadt macht. Der Titel soll uns auf die richtige Spur bringen: Joyce hat das Buch *Ulysses* genannt, weil er es als eine Nachahmung der Homer'schen *Odyssee* betrachtet. Statt von einer Odyssee könnte man eher von einer Lokalrunde sprechen, die beim Frühstück anfängt und, wie alle gelungenen Spritztouren, im Bordell endet. Der Roman klingt aus mit Molly Blooms innerem Monolog ohne Punkt und Komma, aber mit Erlösung: «... und wie er mich geküsst hat unter der maurischen Mauer und ich hab gedacht na schön er so gut wie jeder andere und hab ihn mit den Augen gebeten er soll doch noch mal fragen ja und dann hat er mich gefragt ob ich will ja sag ja meine Bergblume und ich hab ihm zuerst die Arme um den Hals gelegt und ihn zu mir niedergezogen dass er meine Brüste fühlen konnte wie sie dufteten ja und das Herz ging ihm wie verrückt und ich hab ja gesagt ja ich will Ja.»

Ulysses zu lesen ist, als müsse man die zwölf Aufgaben des Herkules auf einmal erledigen. Dieses Buch ist kompliziert, endlos, strapaziös, genial, barock, verrückt, beschissen und überwältigend. Im Jahr seines Erscheinens spart Virginia Woolf in ihrem *Tagebuch eines Schriftstellers* nicht mit Kritik an Joyce: «Ich habe Ulysses fertig gelesen & halte es für einen Fehlschlag. Es hat etwas Geniales, glaube ich, aber es ist eine Genialität niederer Art. Das Buch ist diffus. Es ist brackig. Es ist prätentiös. Es ist ungebildet ... Ich muss die ganze Zeit an einen unreifen Internatsschüler denken ... der voller Geist & Kraft steckt, aber seiner selbst so bewusst & so ichbezogen ist, dass er den Kopf verliert, extravagant wird, manieriert, laut, ungezogen, freundliche Menschen dazu bringt, ihn zu bemitleiden & die unfreundlichen nur verärgert.» Gerade durch diese Attacke habe ich Lust bekommen, Joyce zu mögen, denn ich finde, eine der ersten Pflichten des Schriftstellers besteht darin, extravagant, manieriert, laut und ungezogen zu sein. Man rackert sich zwar ab, wenn man Joyce liest, er ist ein Autor, den man sich verdienen muss, zugleich aber auch einer, den man nie vergisst. Frage: Haben Sie viele Romane gelesen, die Sie NIE vergessen? Nein, oder? Bücher wie *Ulysses* sind nämlich sehr selten und sehr wertvoll. Man hat den Eindruck, *Ulysses* nicht zu lesen, sondern es in seinem eigenen Kopf, ebenso wie der Autor in dem seinen, zu schreiben; Joyce hat eine neue Leserrasse geschaffen: die Aktiv-Leser. (Vielleicht sollte Gallimard seine Romane zum halben Preis verkaufen!)

Ulysses ist zweifellos einer der Romane, die ich am meisten gehasst habe, zugleich aber auch einer derjenigen, an die ich am häufigsten denke. Nachdem ich ihn erleichtert zugeklappt hatte, wusste ich, dass ich nie mehr derselbe sein würde wie früher. Ich würde Ihnen raten, ihn, wenn möglich, im Vollrausch drüben in Dublin zu lesen, genauso wie man sich *Unter dem Vulkan* von Malcolm Lowry sturzbetrunken in Mexiko reinziehen muss. Nehmen Sie *Ulysses* mit nach Irland, um sich zu vergewissern, ob die Möwen über Ihrem Kopf wirklich «groa gonna gankury gake» singen, ich wette, das bringt Ihnen mehr als der *Guide Michelin*.

Wenn ich mehr Zeit hätte, würde ich Ihnen noch von dem irischen Pub bei mir unten erzählen, aber unter den gegebenen Umständen gehe ich lieber gleich hin.

Platz 27:

VLADIMIR NABOKOV *Lolita*

(Lolita, 1955)

Lolita muss man zunächst einmal als Roman einer leidenschaftlichen Liebe lesen. Ein Mann in den Vierzigern namens Humbert Humbert begegnet einem zwölfjährigen Mädchen, Dolores Haze; um es mit dem Mädchen treiben zu können, heiratet er seine Mutter; sie kommt der Sache auf die Spur, stirbt jedoch im richtigen Augenblick, und Humbert nimmt seine Stieftochter mit auf eine Autoreise durch Amerika. Lolita verlässt ihn schließlich, aber er verfolgt sie, und als er sie wiederfindet, ist sie siebzehn Jahre alt, hochschwanger und hat mit ihrer Jugend auch ihre verführerischen Reize verloren. Humbert Humbert ist enttäuscht enttäuscht. Die Veröffentlichung des Buches ging mit einem Riesenskandal einher – da sämtliche amerikanischen Verleger es abgelehnt hatten, erschien es bei Olympia Press in Paris. Vladimir Nabokov (1899–1977) war damals fünfundsechzig Jahre alt und wurde über Nacht weltberühmt. Ist das Buch bei erneuter Lektüre noch immer skandalträchtig? JA, sogar noch mehr als damals. Höchstwahrscheinlich fände ein solches Manuskript im Jahr 2001 keinen Verleger. Wir werden gleich wissen, woran wir sind (sollten Sie schockiert sein, brauchen Sie nur weiterzublättern): «Immerhin hatte ich ja im Laufe einer lebenslangen Päderose einiges an Erfahrungen gesammelt; hatte in Parkanlagen sonnengesprenkelte Nymphchen visuell besessen; hatte mich vorsichtig und bestialisch in die heißeste, überfüllteste Ecke eines Busses durchgekämpft, in dem es von an Haltegriffen hängenden Schulkindern nur so wimmelte.»

Die Leidenschaft für die Kind-Frau schockiert weiterhin, aber es sind vor allem Gabriel Matzneff und seit neuestem Daniel Cohn-Bendit, die die Affäre Dutroux auszubaden haben, während «Moi, Lolita» von Alizée weit oben in den Plattenverkaufscharts rangiert, Galerien, die im Trend liegen, die Fotos von Larry Clark ausstellen und alle Welt mit den kleinen Mädchen von Balthus weint. Unsere Gesellschaft leidet, wie es scheint, an Schizophrenie, da sie in der Werbung Minderjährige auszieht, um den Absatz bestimmter Produkte zu fördern, und gleichzeitig die Existenz einer kindlichen Sexualität (wiewohl von Freud und Dolto bewiesen) leugnet. Ich erinnere daran, dass es Lolita ist, die sich an Humbert Humbert ranmacht, sie ist mehr als willig, ein ausgefuchster Vamp, eine kleine (ZENSIERT). Woran erkennt man eine gelungene Romanfigur? Daran, dass ihr Eigenname zum Gattungsnamen wird. Das ist bei «Lolita» von Nabokov der Fall. Im Buch heißt sie Dolores, aber wenn einem jetzt eine gut gebaute Jugendliche über den Weg läuft, ein Püppchen mit scharfen Titten, eine (AUCH ZENSIERT), nennt man sie Lolita.

Lolita ist aber nicht nur das Porträt einer herrschsüchtigen kleinen Nymphe. Es ist auch eine Kritik am Amerika der fünfziger Jahre mit seinen Autobahnen, seinen Drugstores, seinen Tankstellen und seinen unpersönlichen Motels, die mit einem «ironischen Lyrismus» beschrieben werden. Humbert Humbert ist Schweizer, Emigrant wie Nabokov, der nicht nur die Tennis spielende Lolita, sondern die ganze Szenerie seines Leidens betrachtet. Lolita dagegen verkörpert die vollkommen materialistisch eingestellte und nichts sagende kleine Durchschnittsamerikanerin. Die Liebe zwischen ihnen symbolisiert die Begegnung der Alten mit der

Neuen Welt; der Zusammenprall zweier Generationen ist vor allem der zweier Kontinente, denn *Lolita* ist der Roman eines Russen, der auf Englisch schreibt. Wie schon Joseph Conrad vor (und Kundera und Bianciotti nach) ihm, beschließt Nabokov, sein muttersprachliches Idiom aufzugeben, um in der Literatur wieder geboren zu werden, was vielleicht seine große stilistische Präzision, seine permanente Sorge um die exakte Formulierung und die Poesie seiner Bilder erklärt. Man arbeitet härter, wenn man in einer Fremdsprache schreibt. Jeder Schriftsteller sollte sich einmal im Leben in einer anderen Sprache versuchen, um die sprachlichen Nachlässigkeiten auszumerzen und sich von lieb gewonnenen Gewohnheiten zu verabschieden. Da man seine eigene Sprache erfinden muss, legt man die ab, die man in der Schule gelernt hat.

Nabokov liebte Schmetterlinge, aber sein berühmtester Roman beschreibt das Leben einer Puppe, die nie aus ihrem Kokon geschlüpft ist. *Lolita* war übrigens nicht seine erste Verführerin. In einem frühen Roman mit dem russischen Titel *Kamera obskura* (1933; *Gelächter im Dunkel* 1934) verließ der Ich-Erzähler Bruno Kretchmar Frau und Kind wegen eines Nymphchens namens Magda … In *Einladung zur Enthauptung* fühlt sich Emmie, ein zwölfjähriges Mädchen, erotisch von einem Mann angezogen, der doppelt so alt ist wie sie … Ob Nabokov wie alle Genies vielleicht immer dasselbe Buch schrieb? Jedenfalls war er Zeit seines Lebens von der Kindheit besessen (vor allem seiner eigenen und manchmal der der anderen).

Hätte man mir mehr Platz eingeräumt, hätte ich noch eine Menge Skandalöses schreiben können, was die sofortige Beschlagnahmung dieses Buches durch das Sittendezernat gerechtfertigt hätte, wie zum Beispiel (ABSCHNITT ZENSIERT).

Platz 26:

MARGUERITE YOURCENAR *Die schwarze Flamme*

(L'Œuvre au noir, 1968)

Nummer 26 bin immer noch nicht ich, es ist Marguerite Yourcenar (1903–1987) mit *Die schwarze Flamme*, einem Roman, der wie *Die Schöne des Herrn* 1968 erschienen ist (und sich genauso wenig um die Ereignisse dieses Jahres schert). Schön für Marguerite de Crayencour, genannt Yourcenar, dass sie den Kampf der beiden Marguerites gewonnen hat, denn die Duras ist nicht unter diesen Top 50. Was beweist, dass man lieber der Académie française angehören als den Prix Goncourt bekommen sollte. Ich hoffe, Sie folgen mir.

Yourcenars sämtliche Romane sind völlig unzeitgemäß, und *Die schwarze Flamme*, den sie selbst für ihr wichtigstes Buch hielt, macht da keine Ausnahme. Hauptfigur des Romans ist ein Arzt in der Renaissance: Zenon, eine Art Alchimist ohne Paulo Coelho oder Husar ohne Dach. Dieser Abenteurer einer verlorenen Epoche reist durch ganz Europa und behandelt Reiche und Arme gleichermaßen. Das Dumme ist, dass er auch Philosophie betreibt, was ihm große Unannehmlichkeiten beschert, da man ihn für den Antichristen hält (obwohl er im Grunde etwas viel Schlimmeres ist, nämlich ein unmondäner Anarchist). Bis in seine Geburtsstadt Brüssel verfolgt, lässt er sich widerstandslos zum Tod verurteilen, wie am Ende Meursault in *Der Fremde* oder wie Giordano Bruno am Ende seines Lebens. O verflixt, jetzt habe ich das Ende des Buches verraten.

Macht aber nichts, lesen Sie es trotzdem; die Geschichte ist nicht das Wichtigste. Im Gegenteil, unbelastet von der Handlung, werden Sie Yourcenars großes Wissen und ihren klassischen, ja geradezu asketischen Stil (Zuweilen hat man wirklich den Eindruck, einen Roman des 16. Jahrhunderts zu lesen, sogar mit dem Vokabular der damaligen Zeit, zum Beispiel: «Vielen Dank! Ich gedenke, mir für weniger Kosten besseren Fraß zu verschaffen.» Ein Anklang an *Die Besucher*, nur weniger witzig.) eher genießen können. Der gallige Marc Lambron hat sich übrigens über ihre «Pfarrer-Syntax» lustig gemacht, die Yourcenar als «größte Französisch sprechende Romanschriftstellerin Skandinaviens» auszeichne.

Wozu dient aber die Literatur, wenn nicht dazu, die Toten sprechen zu lassen? Unter den fünfzig Schriftstellern auf dieser Liste sind vierundvierzig mittlerweile tot. Wir werden zwar alle irgendwann tot sein, Yourcenars Stärke besteht jedoch darin, dass sie eine Tote ist, die andere Tote sprechen lässt: Sie erweckt die sonderbaren Bewohner eines fernen Jahrhunderts zum Leben, erteilt ihnen das Wort. Große Literatur muss immer eine Nacht der lebenden Toten sein.

Die schwarze Flamme entpuppt sich als ein längst nicht so düsteres Buch wie erwartet; es ist nicht nur eine Zombie-Geschichte, sondern vor allem eine Zeitmaschine. Tournier hat später in derselben Gewichtsklasse geboxt, nur esoterischer. Statt die Realität der eigenen Zeit zu beschreiben, kann es durchaus sinnvoll sein, in vergangene Welten einzutauchen, Legenden zu erzählen, die die Zeiten überdauern, zeitlose Fragen zu erörtern, die uns betreffen von Ewigkeit zu Ewigkeit, Amen. Auf den Seiten der Vergangenheit sammelt sich zwar Staub an, aber der kann mit wenigen Worten mächtig aufgewirbelt werden und verschwinden.

Wer weiß, vielleicht wird im Jahr 2845 ein Verrückter einen Roman über das 20. Jahrhundert schreiben. Vielleicht wird er dann von diesem hoch begabten Mädchen erzählen, das mit zwölf schon Griechisch sprach, mit achtzehn ein Buch über Pindar schrieb, sich 1958 in den Vereinigten Staaten niederließ, Henry James übersetzte und Hadrian, einen Kaiser des 2. Jahrhunderts, vor der Vergessenheit bewahrte, indem sie dasselbe tat wie Flaubert mit *Salammbô*, nämlich sich «in der Intimität einer anderen Zeit» einrichten.

Platz 25:

SIGMUND FREUD *Drei Abhandlungen zur Sexualtheorie* (1905)

Nummer 25 dieser Liste ist mein Vater … oh, Verzeihung … ist Sigmund Freud (1856–1939) mit seinen *Drei Abhandlungen zur Sexualtheorie.* So ein komischer Lapsus … Ich frage mich, was mein Unbewusstes mir da hat sagen wollen …

Die Freud'sche Revolution verdient natürlich ihren Platz in dieser Hitparade der fünfzig Bücher des Jahrhunderts, und die *Drei Abhandlungen zur Sexualtheorie* scheinen eine ideale Wahl zu sein. Ganz am Anfang des Jahrhunderts hat Doktor Sigmund darin die Grundlagen der Psychoanalyse definiert: 1) Die menschliche Sexualität ist von Abirrungen geprägt; 2) der Sexualtrieb manifestiert sich vor der Pubertät, und das Kind ist polymorph pervers; 3) der Sex unterhält nur eine lose Beziehung zur Fortpflanzung. Diese mittlerweile harmlosen und (von wenigen Ausnahmen abgesehen) allgemein akzeptierten Behauptungen haben damals viel Staub aufgewirbelt. In den Straßen von Wien, ja in ganz Österreich-Ungarn wurde Freud nicht mehr gegrüßt. Es hätte nicht viel gefehlt, und man hätte ihn gesteinigt, diesen sympathischen, kokainsüchtigen bärtigen Bourgeois, der damals neunundvierzig Jahre alt war. (Die Nazis verbrannten später seine Bücher und drückten sich so um die Selbstanalyse …)

Nach den Träumen, für die sich Freud 1900 interessiert hat, begeistert er sich nun für die sexuellen Perversionen und insbesondere die Triebe. Das war verteufelt aufregend, aber nicht neu (das Lehrbuch von Krafft-Ebing stammt aus dem Jahr 1886). Das eigentlich Revolutionäre an dem Buch ist der Punkt, wo er den Ursachen dieser Triebe nachgeht. Woher kommt unsere Libido? Freud behauptet, sie bilde sich während unserer frühen Kindheit, und unsere Neurosen hätten ihren Ursprung in den analen, oralen und phallischen Phasen sowie im Ödipuskomplex; grob gesagt hänge alles von der Art und Weise ab, wie man vor der Pubertät seine Mutter oder seinen Vater begehrt habe.

Diese heute noch umstrittenen Entdeckungen haben eine totale Umwälzung nicht nur im 20. Jahrhundert, sondern in der Geschichte der Menschheit bewirkt. Nach Kopernikus, der uns gelehrt hat, dass wir uns nicht im Zentrum des Universums befinden, und Darwin, der uns darüber aufklärte, dass wir vom Affen abstammen, erzählt uns nun Freud, wir seien nicht einmal Herr über unseren Willen und somit auch nicht über unsere Sexualität. Das nennt er die «dritte Kränkung», was ihn dazu veranlasst, bei seiner Ankunft in New York zu behaupten: «Ich bringe Ihnen die Pest.» Um glücklich zu leben, müssen wir lernen, unser Unbewusstes zu erforschen. Sie werden mir entgegenhalten, Sokrates habe sein «Erkenne dich selbst» doch schon lange vor Freud formuliert. Und ich antworte Ihnen: «Richtig, aber lassen Sie mich ausreden.» Es ist offensichtlich, dass der Mensch heute nicht ausgeglichener ist als vor einem Jahrhundert. Sollte die Psychoanalyse versagt haben? Auf wissenschaftlicher Ebene kann man darüber diskutieren, und wenn man so manchen Erben Freuds im Fernsehen sieht, ist die Frage durchaus berechtigt; Freuds wahrer Triumph liegt meiner Meinung nach jedoch auf literarischem Gebiet.

Der ungläubige Nabokov definierte die Psychoanalyse als «die tägliche Anwendung alter griechischer Mythen auf die Geschlechtsteile». Dabei ließ er jedoch außer Acht, dass die *Drei Abhandlungen zur Sexualtheorie* die gesamte Literatur des Jahrhunderts beeinflusst haben. Wenn man es recht bedenkt, hätte es ohne Freud natürlich keinen Surrealismus, keinen Zweig oder Schnitzler gegeben, aber auch keinen Proust – der nicht einmal Sigmund hatte lesen müssen, um Freudianer zu sein –, keinen Gide, keinen Thomas Mann, ja, im Grunde genommen stünden ohne Freud überhaupt nur wenige Namen auf unserer Liste. Ohne seine Pest hätten wir auch auf die Bücher von Philip Roth und die Filme von Woody Allen verzichten müssen. Allein um Roths und Allens willen muss man Freud schon dankbar sein, dass er den Menschen gekränkt hat, indem er ihn als infantiles, vom Sexualtrieb gesteuertes Wesen bezeichnete. Sie müssen sich darüber im Klaren sein, dass Sie immer, wenn Sie Ihre Verlobte «hysterisch», Ihren besten Kumpel «mythoman», Ihren Arbeitgeber «paranoid» oder ihren Vater «latent homosexuell» nennen, Freud damit Ehre erweisen. Hätte es ihn nicht gegeben, würden Sie sagen, sie seien «verrückt», «verlogen», litten unter «Verfolgungswahn» und «Äh … Papa, zieh doch bitte dieses Kleid aus».

Platz 24:

EUGÈNE IONESCO ***Die kahle Sängerin***

(La Cantatrice chauve, 1950)

Auf der 24. Position singt *Die kahle Sängerin* von Eugène Ionesco (mit richtigem Namen Eugen Ionescu, 1912–1994) ein «Anti-Stück», das am 11. Mai 1950 im Théâtre des Noctambules – Theater der Nachtschwärmer, das ist was für mich! – uraufgeführt und 1952 in drei Ausgaben der *Cahiers du Collège de Pataphysique* veröffentlicht wurde. Mr. und Mrs. Smith leben in London, kein Wunder, sie sind ja auch Engländer. Die Wanduhr schlägt irgendwann und sie sagen irgendwas, genau wie ihre Gäste: Mr. und Mrs. Martin. Und die kahle Sängerin? Die gibt es gar nicht. Es sei denn, es ist Mary, das Hausmädchen, oder der Feuerwehrhauptmann, oder gar einer der unzähligen Bobby Watson …

Sie finden das absurd? Das ist beabsichtigt. «Absurd» ist einer der Schlüsselbegriffe der Nachkriegszeit. Camus hat ihn vor lauter Verzweiflung als Erster benutzt, aber das Theater hat bald nachgezogen. *Warten auf Godot* und *Die kahle Sängerin* sind die zwei Meisterwerke des absurden Theaters. *Die kahle Sängerin* ist allerdings um einiges witziger.

Man könnte meinen, es handele sich hier um eine Kritik an der verknöcherten Bourgeoisie oder am modernen Lebensstil oder am Boulevardtheater oder an der alles einebnenden Assimilation oder an den Kommunikationsproblemen der Gegenwart, aber das wäre ja langweilig. Nun ist *Die kahle Sängerin* alles andere als langweilig: Wir haben es hier mit einer ungeheuren, phantastischen Verarschung zu tun, auf einer Linie mit *König Ubu* von Alfred Jarry. Und wir sollten *Die kahle Sängerin* nicht verunglimpfen, indem wir Glatzenspalterei betreiben.

Eugène Ionesco stammt wie Graf Dracula aus Rumänien; deshalb labt er sich auch am Blut des zeitgenössischen Theaters. Ionesco ist ein Revolutionär, der die Wörter bluten lässt. *Die kahle Sängerin* ist sein erstes und auch sein witzigstes, originellstes und radikal neuestes Stück. Mit seinem verrückten Humor ist er seiner Zeit weit voraus: Monty Python und die Macher der guten TV-Comedy-Serien berufen sich alle, ohne es wissen, auf Ionesco. Darüber hinaus kann man den Rumänen ebenso wie Magritte, der eine Pfeife malt und dazu schreibt: «Das ist keine Pfeife», als Erfinder der bei den Werbeleuten der Neunziger so beliebten Verschiebung betrachten. Der Trick ist einfach, funktioniert aber nach fünfzig Jahren immer noch: Nicht das sagen, was man zeigt, nicht das zeigen, was man sagt.

Ionesco, der 1970 in die Académie française aufgenommen wurde, war, wie alle großen Humoristen, ein sehr trauriger Mensch: Angesichts der Sinnlosigkeit unseres Daseins war ihm nicht zum Scherzen zumute. Er verbrachte eine einsame Kindheit, seine Eltern ließen sich scheiden, als er fünf Jahre alt war. Der Mensch ist vergänglich, er stirbt, wozu also das Ganze? Keine Antwort. Ionesco ist metaphysisch, also mystisch (was seine autobiographischen Schriften belegen: *Argumente und Argumente*, 1962; *Journal en miettes*, 1967; *Heute und gestern, gestern und heute*, 1968; *La Quête intermittente*, 1988). Um die kurze Zeitspanne herumzubringen, die ihm von Gott beschieden war, hat er Theaterstücke geschrieben. Diese ganze Aufregung erweist sich am Ende als ebenso lächerlich, wie wenn man, um ein beliebiges Beispiel herauszugreifen, einer glatzköpfigen Sängerin einen Kamm hinhält.

Platz 23:

GOSCINNY UND UDERZO *Asterix der Gallier*
(Astérix le Gaulois, 1959)

Nummer 23 bin immer noch nicht ich, sondern *Asterix der Gallier.* Aber das ist normal, der ist ja auch mit Zaubertrank gedopt!

Die Geschichte von *Asterix'* Geburt hat mich schon immer fasziniert. Im Jahr 1959 setzen sich René Goscinny (1926–1977), ein aus den USA zurückgekehrter unbekannter Drehbuchautor, und Albert Uderzo (geboren 1927), ein obskurer Illustrator aus einer Pariser Agentur (International Press), in Uderzos Sozialwohnung in Bobigny zusammen. Sie sind auf der Suche nach einer Comic-Idee für die erste Nummer einer neuen Zeitschrift mit dem Titel *Pilote.* Zunächst haben sie vor, den *Roman de Renart* zu adaptieren, doch die Tatsache, dass jemand anders das schon mal getan hat, lässt sie zögern. Sie kratzen sich am Kopf, was beim Menschen immer ein Zeichen angestrengten Nachdenkens ist. Sie beginnen mit einem prähistorischen Abenteuer (das sie vielleicht «Jurassix Park» genannt hätten, wer weiß?). Und dann, nach ein paar Pastis, kommt ihnen plötzlich die Erleuchtung: Wenn man nun erzählte, wie Frankreich unter den Römern aussah? Uderzo fängt an, den berühmtesten Gallier zu zeichnen: Vercingetorix. Goscinny kommt wieder in Fahrt; indem er gebräuchliche Worte deformiert, erschafft er Asterix, Obelix, Idefix, Miraculix, Troubadix, Majestix, Methusalix (einige Jahre später macht er sich einen Namen mit seinem glücklichsten Fund: Osolemirnixdirnix). Für die Römer braucht er nur Namen zu finden, die wie lateinische Wörter auf «-us» enden: Gutzufus, Hotelterminus, Nixalsverdrus, Hohlenus ... Und Goscinny verfasst den berühmten Prolog dieses neuen *De bello gallico*: «Wir befinden uns im Jahre 50 v. Chr. Ganz Gallien ist von den Römern besetzt ... Ganz Gallien? Nein! Ein von unbeugsamen Galliern bevölkertes Dorf hört nicht auf, dem Eindringling Widerstand zu leisten ...» (In Wahrheit sind Gallien und die Gallier eine Erfindung des 19. Jahrhunderts. Jüngste archäologische Ausgrabungen zeigen, dass im 1. Jahrhundert v. Chr. das Territorium des heutigen Frankreich von Dutzenden kurzhaariger Keltenstämme ohne Bart oder Schnauzer bewohnt wurde!)

Seine größte Errungenschaft ist natürlich der Zaubertrank, der es den Galliern ermöglicht, mit bloßen Händen die Römer zu besiegen. Dank dieses EPO-Vorläufers können die Schwachen sich gegen die Starken behaupten, können die faulen Gallier, die nur daran denken, gebratene Wildschweine zu spachteln, den wesentlich besser organisierten Eindringlingen eine Tracht Prügel verpassen. Am Ende fragt man sich, was passiert wäre, wenn man 1940 den Zaubertrank gehabt hätte ... Das Talent von Goscinny und Uderzo besteht nämlich gerade darin, dass sie einen Comic geschaffen haben, der auf mehreren Ebenen lesbar ist: Die Kinder verweilen bei den Schlägereien und den visuellen Gags, während die Eltern über die Wortspiele, die Anachronismen und die Anspielungen auf die Geopolitik lachen. Asterix geht los wie eine mehrstufige Rakete.

Das ist aber gar nicht das Schönste an diesem Abenteuer. Am 29. Oktober 1959 erscheint die erste Episode der Fortsetzungsgeschichte *Asterix der Gallier* in *Pilote*. Die Begeisterung hält sich sehr in Grenzen. Goscinny bekommt zu hören, die

Gallier lockten keinen hinter dem Ofen hervor, und Uderzo, er zeichne zu große Nasen. Als 1961 der erste Band erscheint, werden nur sechstausend Exemplare verkauft. Der zweite, *Die goldene Sichel,* erreicht nicht viel mehr: zwanzigtausend Exemplare. Gute Freunde raten ihnen, es bleiben zu lassen. «Das wird doch nie was», sagen sie, «viel zu altmodisch» (allerdings, schließlich ist es zweitausend Jahre alt!). Doch die beiden Autoren geben nicht auf. Und heute steht die *Asterix*-Saga mit dreihundert Millionen verkauften Exemplaren in hundertsieben Sprachen da und übertrifft in unseren Top 50 Faulkner, Nabokov und *Vom Winde verweht.* Seit diesem Jahr hat René Goscinny sogar seine eigene Straße im dreizehnten Arrondissement in Paris, ganz in der Nähe der Bibliothèque Nationale de France!

Was lehrt uns das? Dass Sie, verehrte Leserinnen und Leser, wenn Sie eine Idee haben, auf die Sie stolz sind und die Sie zum Totlachen finden, niemals auf Ihre so genannten Freunde hören sollten; im Gegenteil, seien Sie hartnäckig, dickköpfig, halsstarrig, zuversichtlich und arbeiten Sie. Auch das ist Asterix' Botschaft: Der Zaubertrank steckt in jedem Einzelnen von uns! (Beim Teutates! Ich rede ja schon wie Bernard Tapix!)

Platz 22:

GEORGE ORWELL *1984*

(1984, 1948)

Hallo Sie da, ich sehe Sie, ich schaue Sie an, ich überwache die geringste Ihrer Bewegungen ... Und was sehe ich? Ich sehe ganz deutlich, dass die Nummer 22 der Roman *1984* ist, das letzte Buch im Leben des Engländers George Orwell (1903–1950).

Jetzt schreiben wir das Jahr 2001. 1984 war also vor siebzehn Jahren. Und der Roman *1984* ist 1948 herausgekommen (für seinen Titel hat Orwell sich damit begnügt, die beiden letzten Ziffern des Erscheinungsjahres umzudrehen). Hat Orwell sich getäuscht, so wie *New York 1997*, *Space 1999* (dt. «Mondstation Alpha») oder *2001 – Odyssee im Weltraum*, die zu den vorgesehenen Daten nicht Wirklichkeit wurden? Oder leben wir bereits in der Welt, die er beschreibt, einer totalitären Welt, deren sämtliche Bewohner per Teleschirm überwacht werden? Einer Gesellschaft, in der die Vergangenheit ständig umgeschrieben, die Sprache in ein Neusprech umgemodelt, Gehirnwäsche durchgeführt und das Sexualleben reglementiert wird und in der man die Bürger unter dem Deckmantel von Liebe, Frieden und Toleranz unterdrückt? Wo alles darauf ausgerichtet ist, uns am Denken zu hindern?

Die Antwort lautet: Ja. Selbstverständlich leben wir bereits darin. Big Brother existiert: In Levallois-Perret gibt es Kameras, die die Fußgänger in den Straßen filmen; das Médiamétrie-Institut entwickelt gerade eine Infrarotkamera, um die

Reaktionen der Fernsehzuschauer zu Hause aufzunehmen; die Web-Cams im Internet übertragen das Privatleben der Menschen in die ganze Welt; durch Kreditkarten, Handys, Spionagesatelliten und GPS-Geräte sind wir erfasst, werden aufgespürt, fotografiert. Die Sprache ist auf ein Volapük mit geringstmöglicher Wortzahl zusammengeschrumpft (vom Französischen wollen wir gar nicht reden; es wird in den nächsten Jahrzehnten von der Bildfläche verschwinden). Die Werbung manipuliert unsere Wünsche. Die Revisionisten streichen Millionen von Toten. Es gibt sogar eine holländische (und weltweit ausgestrahlte) TV-Reality-Soap mit dem Titel «Big Brother», die es möglich macht, rund um die Uhr zehn Kandidaten zu überwachen, die abgeschieden von der Welt in einem mit Kameras voll gepfropften Wohncontainer hausen.

Nein, François Brune zeigt in seinem Essay *Sous le soleil de Big Brother* (L'Harmattan; dt. «Unter der Sonne des Großen Bruders») sehr deutlich, dass sich George Orwell nicht getäuscht hat. Sein warnender Roman mag vielleicht durch die Totalitarismen seiner Zeit, den Nationalsozialismus und den Stalinismus, und durch *Schöne neue Welt* von Huxley (einem Briten wie er) beeinflusst worden sein, beschreibt aber nichtsdestoweniger bis ins Detail die Entwicklung der westlichen Welt in den darauf folgenden fünfzig Jahren. Und Stan Barets, einer der großen Science-Fiction-Experten Frankreichs, fragt sich zu Recht: «Ist es an diesem Punkt überhaupt noch Fiktion oder bereits ein Pamphlet?»

1984 liest man immer noch ebenso entsetzt wie begierig. Es sind nicht nur seine seherischen Fähigkeiten, die einen verblüffen, es ist auch seine Vision der Zukunft, die einen ungeheuren Einfluss auf alle Sparten der Kunst hatte, vor allem den Film und die Cyberpunk-Literatur. Vor Orwell war die Zukunft glatt, schillernd, fluoreszierend, repräsentiert durch Flash Gordon, die Marsmenschen, die Fliegenden Untertassen. Mit Orwell hat sie sich völlig verändert: eine Gefängniswelt, bedrückend, düster, *Brazil*, *Blade Runner* ... Orwell hat diese Ästhetik geschaffen: die Zukunft als gewaltiger Gulag, aus dem sein Held Winston Smith nie wird entkommen können. Zum Glück für ihn selbst ist Orwell 1950 gestorben, zwei Jahre nach Erscheinen seines Buches, das heißt, zu früh, um zu sehen, in welchem Maße sein Pessimismus gerechtfertigt war. *1984* endet übrigens mit dem Satz: «ER LIEBTE DEN GROSSEN BRUDER.» Winston Smith ist soeben reintegriert worden, wie wir ist er abhängig und ergeben. Wenn das System erreicht, dass wir unser Gefängnis lieben, hat es gesiegt.

Aber sagt mal, da ist doch einer, der mich nicht aufmerksam liest, du da, ja du, mit dem Finger in der Nase, du glaubst wohl, ich seh dich nicht! Schlag die Augen nieder, ich befehle dir, schlag die Augen nieder: Der Große Bruder sieht dich. Nimm dich in Acht, oder ich schicke dir meine Beigbedersche Polizei auf den Hals!

Platz 21:

ALDOUS HUXLEY *Schöne neue Welt*

(Brave New World, 1932)

Die Nummer 21 bin ich nur deshalb nicht, weil ich nicht schön genug bin. Wäre ich ein Klon von Filip Nikolic von «2Be3», hätten die Leute natürlich für mich gestimmt …

Platz 21 der fünfzig Bücher des Jahrhunderts belegt *Schöne neue Welt,* der berühmteste Roman des britischen Autors Aldous Huxley (1894–1963). Das Unglaublichste an diesem Buch ist sein Erscheinungsdatum: 1932 hat Huxley bereits alles vorausgesehen – das Klonen, die Retortenbabys, den Totalitarismus, die materialistische Globalisierung, den neuen Faschismus eines künstlichen und pflichtgemäßen Glücks, die Softideologie.

Schöne neue Welt kritisiert ebenso wie *1984* sechzehn Jahre später die Utopien; wie der Roman von Orwell ist es eine Dystopie, d. h. eine Negativ-Utopie, mit dem Unterschied allerdings, dass es sich vor allem um einen Roman über die Biologie handelt. Hatte Huxley wohl vermehrt dem Meskalin zugesprochen, als er das Vorwort von 1946 schrieb? Jedenfalls sieht er die Zukunft voraus, wenn er schreibt: «Die wirklich revolutionäre Revolution lässt sich nicht in der äußeren Welt bewirken, sondern nur in den Seelen und Körpern der Menschen.» Nach Genmanipulationen, dem Klonen eines Schafs und einer Kuh, der In-vitro-Fertilisation und der Sequenzierung des menschlichen Genoms wissen wir heute, dass das posthumane Zeitalter näher rückt. Übrigens würdigt Michel Houellebecq in seinem Roman *Elementarteilchen*

(1998) Aldous Huxley ausführlich als den ersten Romanschriftsteller, der die Umwälzungen in der Biotechnologie vorausahnte.

Wie *1984* spielt *Schöne neue Welt* in einem futuristischen London. Das Buch beginnt mit einer Führung durch eine «Brut- und Normzentrale», wo Babys im Reagenzglas hergestellt werden. Der Weltstaat produziert die Menschen nach den Kriterien der eugenischen Selektion (das Sperma der Schönen kommt zu den Eizellen der Schönen, das Sperma der Hässlichen zu den Eizellen der Hässlichen) auf industriellem Weg, bevor sie im Schlaf mit Hilfe der Hypnose für die ihnen zugedachte Verwendung genormt werden. Auf der Erde gibt es keine Familien, keine Rassen, keine Länder mehr. Die sexuelle Freiheit ist grenzenlos (Shakespeare jedoch verboten), alle vögeln wild durcheinander oder nehmen «Soma», eine kostenlose, stark euphorisierende Droge. Was für eine wunderschöne Welt: eine permanente Sexorgie unter Junkies! Doch halt, so wunderschön nun auch wieder nicht. Wir dürfen nämlich nicht vergessen, dass Pangloss, der in *Candide* von Voltaire wiederholt behauptet, «es ist alles zum Besten bestellt in dieser besten aller möglichen Welten», auf einem Auge blind ist und folglich nur eine Hälfte der Wirklichkeit sehen kann.

Es liegt im Interesse der Machthaber, dass die Bürger möglichst glücklich sind, um nicht zu denken. Der Held des Romans heißt Bernard Marx (wie der bekannte Rauschebart) und hat Schwein gehabt: Infolge eines Manipulationsfehlers im Labor verfügt er über ein Gewissen und kann sich sogar in Lenina (wie der bekannte Spitzbart) verlieben. Man begleitet ihn bei seinem Versuch, zusammen mit John, einem Wilden, der außerhalb der *Schönen neuen Welt* in einem primitiven Reservat in Neumexiko aufgewachsen ist, einen Aufstand zu entfachen. Ohne das Ende vorwegzunehmen, denke ich, kann man leicht erahnen, dass es mit der Rebellion schnell vorbei ist …

Schöne neue Welt, ein prophetischer Science-Fiction-Roman, der auf einer sehr realistischen Kenntnis der wissenschaftlichen und politischen Zusammenhänge beruht, ist kein bisschen gealtert, ganz im Gegenteil. Unter den fünfzig Büchern des Jahrhunderts ist es vermutlich dasjenige, dessen Lektüre man heute dringend jedem ans Herz legen muss. War Aldous Huxleys Angst berechtigt? Wir werden es in den nächsten Jahren feststellen …

Platz 20:

CLAUDE LÉVI-STRAUSS *Traurige Tropen*

(Tristes Tropiques, 1955)

Unsere Nummer 20, Claude Lévi-Strauss, hat nichts mit dem Erfinder der Jeans 501 zu tun, auch wenn ihnen beiden gemeinsam ist, dass sie ihre Produktion in die Dritte Welt verlagert haben.

Im Jahr 1955 ist Claude Lévi-Strauss ein siebenundvierzigjähriger, in Brüssel geborener und der breiten Öffentlichkeit unbekannter Ethnologe, der beschließt, mit *Traurige Tropen* seine intellektuelle Autobiographie zu schreiben, um zu skizzieren, wie er, auf dem Umweg nicht über Los, sondern über Brasilien mit seinen Indianern, von der Philosophie zur Ethnologie gelangte. Gleich zu Anfang provoziert das Buch mit dem noch immer berühmten Satz: «Ich verabscheue Reisen und Forschungsreisende», um anschließend auf fünfhundert Seiten genau das Gegenteil unter Beweis zu stellen.

Warum hat dieser wissenschaftliche Bericht die akademische Welt Ende der fünfziger Jahre (und später) so stark geprägt? Weil er intelligente Exotik liefert; Lévi-Strauss, der heute mit 92 Jahren in der Académie française und im Collège de France sitzt, war damals eine Art strukturalistischer Indiana Jones. Vor Lévi-Strauss begnügte sich der weiße Mann damit, die Indianer auszumerzen, ohne sich weiter Gedanken darüber zu machen. Es hatte zwar den Perser von Montesquieu gegeben, der gekommen war, uns die Wahrheit über unsere Schandtaten zu sagen, aber er war nur eine Fiktion: Einen leibhaftigen Illegalen, der Frankreich kritisiert, hätte man an der Grenze ohne viel Federlesens zurückgeschickt. Im Übrigen sind heutzutage die Perser zu sehr damit beschäftigt, Salman Rushdie Fatwas an den Hals zu wünschen, als dass sie sich für die Ungerechtigkeiten in unserer Gesellschaft interessieren würden.

Traurige Tropen ist einer der ersten ebenso tropischen wie wissenschaftlichen Essays, der sich für andere Lebensweisen als die unsere interessiert. In seinem Gefolge hat Carlos Castaneda in den Vereinigten Staaten mit mexikanischen Indianern halluzinatorische Experimente durchgeführt. Die Indianer sind immer noch aktuell: So kann J. M. G. Le Clézio es immer noch nicht fassen, alle diese völlig nackt lebenden Menschen zu sehen – wie Recht sie doch haben!

Was sagt nun Lévi-Strauss? Dass die Tropen traurig, weil dezimiert sind, dass diese Stämme an den Epidemien, die wir dort eingeschleppt haben, krepieren werden, dass das, was die Caduveo, Bororo, Nambikwara und Tupi-Kawahib uns vorleben, natürlicher, echter, schöner ist als unsere Freitagabendstaus im Wochenendverkehr. Bei Lévi-Strauss gibt es einen Respekt vor dem Unterschied, einen tief sitzenden Antikolonialismus: Er weist den Anspruch des weißen Mannes der westlichen Welt zurück, den anderen seine Werte und seine so genannte überlegene Zivilisation aufzuzwingen. In diesem (berechtigten) Kampf gegen die gesellschaftliche Hierarchie zwischen den Menschen liegt eine Gefahr – selbst wenn wir mit unseren Atombomben und Völkermorden wesentlich primitiver sind als die harmlosen Indianer in ihrem Lendenschurz. Die Gefahr besteht darin, dass diese «rousseauistische» Theorie eine erneute Infragestellung der Menschenrechte nach sich zieht: Wenn wir alle Unterschiede respektieren müssen, dann akzeptieren wir vor lauter Sorge, nur ja keinem unsere Kultur aufzudrängen, auch die Beschneidung, die Steinigung unverschleierter Frauen, die körperliche Züchtigung und den Kannibalismus. Claude Lévi-Strauss macht sich unabsichtlich zum Verfechter der Nichteinmischung. In einer kleiner werdenden Welt predigt er gegen die Gleichmacherei, kämpft damit aber auch gegen den Gedanken eines weltumspannenden Humanismus. Vereinfacht könnte man sagen, er schlägt sich eher auf die Seite Nietzsches als auf die des modernen Samariters im Kosovo, Kouchner.

Platz 19:

ANNE FRANK ***Tagebuch***

(Het Achterhuis, 1947)

Ein Glück, dass ich nicht die Nummer 19 bin, denn das ist Anne Frank mit dem *Anne Frank Tagebuch,* das sie vom 12. Juni 1942 bis zum 1. August 1944 führte, bevor sie verhaftet und ins Konzentrationslager Bergen-Belsen deportiert wurde, wo sie im Alter von fünfzehn Jahren starb.

Es gibt sicher wichtigere Bücher zum Thema Holocaust als das *Anne Frank Tagebuch,* z. B. *Ist das ein Mensch?* von Primo Levi (übrigens Nr. 57 unter den hundert Büchern des Jahrhunderts in der ursprünglichen Rangliste von *Le Monde*), der Text des Films *Shoah* von Claude Lanzmann, die Augenzeugenberichte von David Rousset, Jorge Semprún und Robert Antelme, aber keines erreicht die Gefühlstiefe dieses kleinen Tagebuchs, das unter der deutschen Besatzung von einem in der Prinsengracht 263 in Amsterdam versteckten jungen Mädchen geführt wurde. Ich bin, stellen Sie sich das vor, hingegangen in die Prinsengracht 263, wo aus Anne Franks Versteck ein Museum geworden ist. Es ist kaum zu glauben, dass sich vor einem halben Jahrhundert die kleine Anne und ihre Familie fünfundzwanzig Monate lang in einer Zweizimmerwohnung verborgen hielten, wo sie flüstern und auf Zehenspitzen gehen und heftige Auseinandersetzungen, das Zusammengepferchtsein, die zu klein gewordene Kleidung (in dem Alter wächst man nämlich schnell), die ständige Angst davor, entdeckt zu werden, aushalten mussten – wobei sie am Ende nicht entdeckt, sondern denunziert wurden.

Das macht die ganze Kraft dieses Dokuments aus: Anne Frank ist ein junges Mädchen wie jedes andere, das an eine imaginäre Freundin namens Kitty schreibt, um sich seine Sehnsüchte (den Beginn einer romantischen Liebe zu dem Nachbarn Peter Van Pels), seine Träume von einer ruhmreichen Hollywoodkarriere und den Ärger über seine Mutter und die Schwester Margot von der Seele zu schreiben. Vater Otto, der das Manuskript veröffentlichen ließ, entfernte sogar gewisse Passagen, die seine Liebe zu einer anderen als seiner Ehefrau betrafen. In seiner Unvollkommenheit und Alltäglichkeit gibt dieser Text den Toten ein Gesicht und eine Stimme. Anne Frank ist in gewisser Weise der «unbekannte Soldat» der 5 999 999 anderen Ermordeten. Wie Primo Levi selbst geschrieben hat: «Eine Einzelperson wie Anne Frank erweckt mehr Anteilnahme als die Ungezählten, die wie sie gelitten haben, deren Bilder aber im Dunkeln geblieben sind. Vielleicht muss es so sein; müssten oder könnten wir die Leiden aller erleiden, könnten wir nicht leben.» Primo Levi wusste übrigens gar nicht, wie Recht er damit hatte: Auch er konnte nicht leben, sodass er im April 1987 Selbstmord beging.

An einer Stelle in ihrem *Tagebuch* schmiedet Anne Frank Pläne. «Stell dir vor, wie interessant es wäre, wenn ich einen Roman vom Hinterhaus herausgeben würde. Nach dem Titel allein würden die Leute denken, dass es ein Detektivroman wäre. Aber im Ernst, es muss ungefähr zehn Jahre nach dem Krieg schon seltsam erscheinen, wenn erzählt wird, wie wir Juden hier gelebt, gegessen und gesprochen haben … Du weißt längst, dass es mein liebster Wunsch ist, einmal Journalistin und später eine berühmte Schriftstellerin zu werden», schreibt sie. Leider erfüllte sich dieser Wunsch erst nach ihrem Tod.

Platz 18:

HERGÉ *Der Blaue Lotus*

(Le lotus bleu, 1936)

Donnerkeil! Was sage ich: Hagel und Granaten! Ich bin nicht die Nummer 18! Und nur weil so ein Schwachkopf von Säbeltürke, ein Rabenaas, ein Hallodri aus Brüssel, ein Süßwassermatrose beschlossen hat, meinen Platz einzunehmen!

Und dann heißt er auch noch «Tim», was für ein lächerlicher Name! Angeblich ein internationaler Reporter, den man nie einen Artikel schreiben sieht, erfunden von einem ehemaligen Pfadfinder namens Georges Rémi (1907–1983), kurz RG wie «Renseignements Généraux», der Geheimdienst! Seltsames Pseudonym, vor allem wenn man eine eher fragwürdige politische Einstellung hat: kolonialistisch und manchmal sogar rassistisch in *Tim im Kongo* … ganz zu schweigen von einem zweifelhaften Verhalten während des Zweiten Weltkriegs in Belgien (Mitarbeit an einer von den Deutschen herausgegebenen Zeitung).

Dessen ungeachtet bleibt Hergé aufgrund seiner «Klaren Linie», seines Gespürs für einen Plot mit Spannungshöhepunkt am Seitenende (da die einzelnen Bilderstreifen wöchentlich erschienen, mussten die jungen Leser von Woche zu Woche in Atem gehalten werden) und seiner burlesken, immer wiederkehrenden Figuren Kapitän Haddock, Professor Bienlein, der Castafiore, den Detektiven Schulze und Schultze und natürlich Tim und Struppi der Erfinder des europäischen Comics. Er zeichnet, modernisiert, adaptiert und popularisiert (im noblen Sinn des Wortes) den Feuilletonroman à la

«Rocambole». Der letzte seiner dreiundzwanzig Bände trägt übrigens den Titel *Tim und die Picaros,* gleichsam als Hommage an jene spanischen Abenteurer des 16. Jahrhunderts, die dem pikaresken oder Schelmenroman seinen Namen gaben.

Um Tim und Struppi in dieser Hitparade zu repräsentieren, wurde aus zwei Gründen *Der Blaue Lotus* ausgesucht: Erstens, weil man sich nun mal für eine der Episoden entscheiden musste; und zweitens, weil es das erste der Abenteuer von Tim und Struppi ist, für das Hergé regelrecht recherchiert hat. 1936 in Schwarzweiß erschienen, wurde *Der Blaue Lotus* 1946 überarbeitet und koloriert. Es ist die Fortsetzung von *Die Zigarren des Pharaos,* in dem Tim sich bereits mit einer Bande von Drogenhändlern herumschlug. Diesmal befinden sich diese Halunken mitten im chinesisch-japanischen Krieg. Tim begibt sich sogar nach Schanghai in eine Opiumhöhle namens *Der Blaue Lotus.* Ein ganz schöner Trash für damalige Zeiten, so als würde man heute einen Kinder-Comic herausbringen, der in einem Partnertausch-Club spielt! Tim rettet Tschang, einem kleinen Jungen, den er im Hochwasser des Jangtsekiang (dem Lieblingsfluss der Romanfiguren in Antoine Blondins *Ein Affe im Winter*) ertrinken sieht, das Leben. Gemeinsam trotzen sie dem gefährlichen Rastapopoulos, einem entfernten Vorfahren von Pablo Escobar. Als sie sich am Ende trennen, vergießt Tim eine der wenigen Tränen seiner Karriere, was zu zahlreichen Glossen über eine mögliche homosexuelle Beziehung zwischen ihm und diesem jungen Chinesen geführt hat, eine Hypothese, die ebenso dumm ist wie die Unterstellung, er treibe es mit Struppi, selbst wenn Hergé tatsächlich einen Chinesen namens Tschang Tschong-jen kannte, der ihm wertvolle Informationen für seine Erzählung lieferte.

De Gaulle sagte einmal: «Mein einziger internationaler Rivale ist Tim.» Das grenzte an Größenwahn, denn heute geht weltweit alle zweieinhalb Sekunden ein Tim-und-Struppi-Band über die Ladentheke. Die *Memoiren der Hoffnung* des Generals haben, soweit wir wissen, nicht im Entferntesten diesen Ruhm erlangt.

Würde mir mehr Platz zur Verfügung stehen, hätte ich mich noch über Kapitän Haddocks Whisky auslassen können, dessen Name Loch Lommond von einem schottischen See stammt, in dem ich vor ein paar Jahren stockbetrunken gebadet habe … Fortsetzung folgt!

Platz 17:

GUILLAUME APOLLINAIRE *Alcools*

(1913)

Nummer 17 bin immer noch nicht ich, aber das ist mir egal: Ich werde meinen Kummer im Alkohol ertränken. Das ist eine geschickte Überleitung zu *Alcools,* der Gedichtsammlung von Guillaume Apollinaire (1880–1918), einem der schönsten Gedichtbände, die jemals, alle Jahrhunderte zusammen genommen, in französischer Sprache geschrieben wurden.

Warum *Alcools* mit «s»? Weil Wilhelm Apollinaris Kostrovitzky, genannt Guillaume Apollinaire (für Freunde «Kostro») nicht nur Pole (also Alkoholiker), sondern auch Kubist war: Er wollte die Welt in allen ihren Facetten, unter allen Blickwinkeln beschreiben. Wie für Picasso (oder später Perec) bekommt für ihn alles ein «s» am Ende. Die Schönheit muss zwangsläufig im Plural stehen, so wie heutzutage beispielsweise die französische Regierungslinke.

Dieses Buch enthält alles: unmögliche Liebe, unausweichlichen Tod, unvermeidliche Trunkenheit, formale Neuerungen (keinerlei Zeichensetzung, isolierte Verse, zufällige Reime, gewisse Freiheiten in der Metrik), unmittelbar eingängige Klassiker wie *Le Pont Mirabeau,* Deutschland, wo Apollinaire sich 1901 aufhielt, und vor allem enthält es unsterbliche Sätze, die jeder auswendig kennt, ohne allerdings immer zu wissen, dass sie von ihm stammen: «Mein Glas ist zersprungen wie des Lachens Hall», «Im Mai, dem schönen Mai, im Boot auf dem Rhein», «Vergessen will ich sie niemals mehr», «Und mein Leben verzehrt deiner Augen Gift», «Und vergiss es nicht, ich warte auf dich», «Wie langsam ist des Lebens Schritt / wie drängend der Hoffnung stürmischer Ritt» …

Bei diesem letzten Reim möchte ich mich etwas aufhalten – nicht um mich wie die Französischlehrer aufzuführen, die einem die Gedichte verleiden, indem sie sie auseinander nehmen – Scheiße! Ein Gedicht ist doch kein Frosch, den man im Biologiepraktikum seziert! –, sondern um Ihre Aufmerksamkeit auf seinen Klang zu lenken: «Wie langsam ist des Lebens *Schritt* / wie drängend der Hoffnung *stürmischer Ritt*». Das ganze Geheimnis der Poesie liegt, wie mir scheint, in dem verschrobenen Einfall, zwei einander ähnelnde Klänge mit genau entgegengesetzter Bedeutung zusammenzubringen. Ebenso hören wir in dem Vers: «Die Tage vergehn noch gehör ich zur Runde» ganz deutlich «geh ich zugrunde». Katastrophaler Zusammenprall, gemächlicher Schritt des Lebens gegen stürmischen Ritt der Begierde, Leben gegen Tod, und das Ganze nur erdichtet, um Marie Laurencin, dieselbe, um die es auch in Joe Dassins «L'été indien» ging, rumzukriegen! Genau dazu dient sie nämlich, die Poesie!

«Hört meinen Gesang allumfassender Trunkenheit», sagt uns Apollinaire, ja, hören wir ihn, diesen Zigeunersaufbold, mit siebenundachtzig Jahren Abstand bleibt seine Poesie ein Wortalkohol, ein sprachliches Trinkgelage, ein Exzess des Vokabulars, eine semantische Orgie. «Berauscht euch», sagte sein Idol Baudelaire, lest *Alcools*, Aspirin in greifbarer Nähe, an seinem Grab auf dem Père-Lachaise! Dieses Meisterwerk hat allen Dichtern des 20. Jahrhunderts einen Kater verpasst, vor allem den Surrealisten, die Apollinaire alles verdanken, nicht nur, dass er dieses Wort erfand («surréalisme», also «über dem Realismus», schrieb er 1917 im Programmheft zu *Parade*, einem Ballett von Cocteau, Picasso und Satie). Apollinaire führt Rimbaud zu Aragon; alt und modern zugleich, schreitet er voran gegen die verfliegende Zeit. Man weiß nicht, ob es in der Kunst einen «Fortschritt» gibt, auf jeden Fall aber scheint Apollinaire den Schmilblick deutlich vorwärts gebracht zu haben. Bei seiner Heimkehr aus dem Ersten Weltkrieg konnte er «mit einem Lächeln sterben»: Auftrag ausgeführt.

Kennen Sie das Geheimnis des ewigen Lebens?
«Was noch nicht existiert, tot ist nur das;
im Glanz des Vergangnen ist das Morgen blass.»
Man braucht nur so etwas zu schreiben, und schon ist man unsterblicher als die komplette Académie française alle Mann hoch in ihrem lächerlichen Aufzug.

Eines Tages werde ich, wenn ich Zeit habe, eine Gedichtsammlung mit dem Titel «Cocktails» (Geköpfte Sonne) schreiben.

Platz 16:

JACQUES PRÉVERT *Paroles*

(1946)

Jacques Prévert (1900–1977) hätte seine erste Gedichtsammlung nicht *Paroles* (dt.: «Worte») nennen dürfen, wo doch jeder weiß, dass Worte verfliegen, Geschriebenes dagegen bleibt. Nun ist Prévert zwar sehr populär (von diesem Band wurden bei Erscheinen eine Million Exemplare verkauft), erntet von der Kritik jedoch nur Verrisse und Verachtung und von seinen Dichterkollegen sogar Beleidigungen. Schreibt nicht Michel Houellebecq, selbst auch Poet, in seinem *Die Welt als Supermarkt*: «Prévert ist ein Arschloch.»?

Dem könnte man sicher entgegenhalten, dass alles Übertriebene ohne Bedeutung ist, doch bei erneuter Lektüre lässt sich nicht leugnen, dass Prévert enttäuscht, vor allem, wenn man von Apollinaires *Alcools* noch ganz überwältigt ist. Die Kippe im Mundwinkel, verstreut Prévert über seinen Gedichten Asche, die etwas vom Staub einer Rumpelkammer hat.

Paroles erweist sich letztlich als ehrlicher Titel, denn diese Sammlung enthält im Grunde keine Gedichte, sondern eher Chansontexte, zu denen Joseph Kosma die Musik hätte schreiben können. Prévert war vor allem ein großer Drehbuch- und Dialogautor (*Kai im Nebel*, *Kinder des Olymp* und *Der Tag bricht an* bilden eine Art Trilogie der Vorstädte), und diese Spottlust färbt auf seine Poesie ab, die trivial, demagogisch, monoton, albern und voller Kalauer und unfreiwilliger Dummheiten ist: Der Krieg ist nicht gut, die Liebe ist besser, die Reichen sind böse, der Tod ist traurig, die Vögel sind schön, die Blumen riechen gut … Ohne sein Andenken zu verunglimpfen, kann man Jacques Prévert eher als eine Art antiklerikalen Anarcho à la Brassens denn als neuen Paul Verlaine betrachten. Selbst im Vollrausch kann man sich Letzteren kaum als Verfasser eines so schwachen Vierzeilers vorstellen:

«Unser Vater der du bist im Himmel
Bleib dort
Und wir werden auf der Erde bleiben
Die mitunter so herrlich ist»

Zugegeben, es könnte einem ungerecht erscheinen, dass in unserer Inventurliste ein Autor schlecht gemacht wird, der sie so gerne mochte (die Inventurlisten). Prévert ist kein Dummkopf, eher einer, der, weil er leicht verständlich ist, vom Publikum verehrt, von der Kritik jedoch aus eben diesem (schlechten) Grund verachtet wird. Feststeht, dass er eher Michel Audiard als Henri Michaux beeinflusst hat. Ein «populärer» Dichter kann kein «Kult»-Dichter sein; Erfolg schließt Snobismus aus; und das zu schreiben fällt mir wahrlich nicht leicht! Zu seiner Verteidigung führen wir an, dass Prévert den Anstand besaß, einfache Poesie zu verfassen: In dem Jahrhundert, das die Dichtung zu etwas Hermetischem, Experimentellem (und vom Publikum völlig Abgeschnittenem) gemacht hat, bestand sein Hauptverbrechen wahrscheinlich darin, dass man ihn verstand.

Platz 15:

ALEXANDER SOLSCHENIZYN *Der Archipel Gulag*
(Archipelag Gulag, 1973)

Die Nummer 15, die Nummer 15, Herrgott nochmal, hören wir doch auf, den Künstlern Nummern zu geben, vor allem wenn es um einen Dissidenten geht, der gerade deswegen zum Gulag verurteilt wurde, weil er sich geweigert hatte, eine Nummer zu sein!

Außerdem interessiert es Alexander Solschenizyn, geboren 1918, jetzt also 82 Jahre alt, sicher nicht die Bohne, dass er mit *Der Archipel Gulag,* seiner epischen Schilderung des Lebens in einem sowjetischen Zwangsarbeitslager, die in Paris im Dezember 1973, in Russland dagegen erst 1990, also siebzehn Jahre später erschien, in unseren Top 50 auf Platz 15 steht.

Damit man mich nicht falsch versteht: Diese Direktreportage aus der Hölle ist eines der unerträglichsten Bücher, die ich je in meinem Leben gelesen habe, und davon gab es weiß Gott eine Menge, angefangen bei *120 Tage von Sodom* bis hin zu *American Psycho*. Solange es eine Fiktion ist, lese ich Unerträgliches gerne. Was Solschenizyn erzählt, ist leider alles wahr; die physische und mentale Folter, die Zwangsarbeit, die Strafaktionen, der Hunger, die sibirische Kälte (in der die Spucke bei minus fünfzig Grad gefriert, bevor sie auf dem Boden auftrifft), die Massengräber, die mit unerbittlicher Gewalt niedergeschlagenen Aufstandsversuche, die Manipulationen, die Demütigungen, die den Menschen zum Tier herabwürdigen sollten, was sie manchmal, aber nicht immer, auch geschafft haben. Davon soll *Der Ar-*

chipel Gulag Zeugnis geben. Und alle diese Menschen waren unschuldig: «Lämmer», schreibt Solschenizyn, der acht Jahre lang interniert war, nur weil er in einem Brief an einen Freund Stalin, ohne ihn beim Namen zu nennen, kritisiert hatte! Wie in *Der Scherz* von Milan Kundera! Dieses Denkmal für die Toten ist nicht von Solschenizyn allein errichtet worden, sondern mit Hilfe und Unterstützung von 227 anderen Folteropfern des kommunistischen Totalitarismus, die dabei ihr Leben aufs Spiel setzten (in Ermangelung von Papier lernten sie das Buch auswendig). Und er spricht im Namen der Millionen weiterer Märtyrer dessen, was er «die Gefängnisindustrie» nennt.

Andere Internierte hatten schon vor Solschenizyn erschreckende Berichte veröffentlicht: *Geschichten aus Kolyma* von Warlam Schalamow und *Gratwanderung* von Jewgenia Ginsburg. Aber erst Solschenizyn zeigte der Welt wirklich, wie die sozialistische Utopie sich in einen Albtraum verwandelt hatte, was diesem neuen Tolstoi den Literaturnobelpreis 1970 einbrachte, den er trotz der Zensur annahm, bevor er im Februar 1974 aus der UdSSR ausgewiesen wurde (in die er, wie d'Artagnan, erst zwanzig Jahre später zurückkehrte). Man könnte damit schließen, dass, auch wenn es natürlich blödsinnig ist, die beiden Massenvernichtungen miteinander zu vergleichen, der Völkermord durch die Nazis wenigstens den Vorteil hatte, eindeutig auf Rassenhass zu basieren, während der von den Kommunisten verübte heuchlerischer war, gab er doch vor, das Glück auf Erden zu mehren. Ich bin übrigens erstaunt, dass der ebenso unverzichtbare Titel *Ist das ein Mensch?* von Primo Levi in dieser demokratisch entstandenen Hitliste fehlt (zum Glück wird die Shoah wenigstens durch das *Tagebuch* von Anne Frank vertreten.

Diese Liste von fünfzig Büchern spiegelt im Grunde das Bild unseres Jahrhunderts wider: Sie enthält ein paar schöne, leichte Bücher wie *Der große Gatsby* oder *Bonjour tristesse,* aber auch viele erschütternde Werke, die zeigen, in welchem Maß die vergangenen hundert Jahre sämtliche Rekorde in Sachen Monstrosität, Barbarei, Rassismus und Tyrannei gebrochen haben. Was fängt man nun mit alledem an? Beim Lesen von *Der Archipel Gulag* fühlt man sich erschlagen und ohnmächtig, sagt sich aber gleichzeitig, dass dieser ganze Horror doch zu irgendetwas gut gewesen sein muss – nämlich dazu, dass es nie wieder so weit kommen möge. Die Lehre, die meine Generation daraus zu ziehen hat, lässt einen erschauern: Wenn nun die absolute Grausamkeit des vorigen Jahrhunderts uns einfach … nützlich gewesen wäre? Musste es so weit kommen? Dann würde die Absurdität dieser Qualen zu einer Notwendigkeit und Solschenizyn, der moderne Dante, zu einem … Utopisten?

Jedenfalls werden alle, die mit dem eben Gesagten nicht einverstanden sind, unverzüglich verhaftet, in einen Sarg voller Wanzen gesperrt und acht Stunden lang in eiskaltes Wasser getaucht, während daneben aus einem Lautsprecher ununterbrochen der «Ententanz» ertönt. Denn das ist mein Wille.

Platz 14:

UMBERTO ECO *Der Name der Rose*

(Il nome della rosa, 1981)

Die Nummer 14 in dieser Rangliste der literarischen Genies des Jahrhunderts ist Umberto Eco mit seinem ersten, 1981 erschienenen Roman *Der Name der Rose*. Der 1932 in Alessandria (Piemont) geborene Umberto Eco war damals also neunundvierzig Jahre alt, heute ist er achtundsechzig. Er bekleidet die ehrwürdige Stelle eines Semiotikprofessors an der Universität von Bologna, und selbst wenn man diese krasse Überbewertung (vermutlich aufgrund der hervorragenden Verfilmung durch Jean Jacques Annaud) kritisieren könnte, muss man doch zugeben, dass *Der Name der Rose* auch bei erneuter Lektüre ein geschickt zusammengebrauter Roman ist.

Warum? Ganz einfach, weil seine Grundidee ziemlich verschroben ist: einen mittelalterlichen Krimi zu schreiben, einen Klosterthriller, der «im Jahr der Gnade und Ungnade 1327» spielt. Ein Exinquisitor namens William von Baskerville (mit einer Empfehlung an Conan Doyle, den Barbaren) stellt, flankiert von seinem Adlatus Adson von Melk (dem Erzähler der Geschichte), Untersuchungen über mysteriöse Morde an, die die benediktinische Ruhe in einer Abtei zwischen der Provence und Ligurien stören. Der ganze Roman spielt, einen Mord pro Tag inklusive, in einem Zeitraum von sieben Tagen, und das Ganze vor dem Hintergrund profunder Lateinkenntnisse und mystischer Bibliotheken. Da haben wir Sherlock Holmes bei der Vesper, Jungfer Eselshaut bei den Mönchen, Philip Marlowe in der Kutte: ein hervorragend konstruierter Roman, eine Nachahmung alter lateinischer Manuskripte, formal von großer Kreativität, geschrieben in einer Sprache, die geprägt ist von Ecos enzyklopädischem Wissen über das Mittelalter (und seiner Borges-Lektüre): «Während ich so meinen Lehrmeister jeden Tag besser kennen lernte in langen Stunden gemeinsamer Wanderschaft voller nicht enden wollender Gespräche, die ich von Fall zu Fall wiedergeben werde, wenn es mir geboten scheint, erreichten wir schließlich den Fuß des Berges, auf welchem sich die besagte Abtei erhob. Und so wird es nun Zeit, dass auch mein Bericht sich ihr nähert, wie damals wir Wandersleute es taten – und gebe Gott, dass meine Hand nicht zittert, wenn ich nun niederzuschreiben beginne, was dann geschah.»

Um des puren Nörgelns willen und sicher auch aus Neid auf seine sechzehn Millionen weltweit verkauften Exemplare könnte man monieren, dass die Idee des rein zufällig entdeckten Manuskripts durchaus verzichtbar war, wurde sie doch von Jan Graf Potockis *Die Handschrift von Saragossa* bis hin zu der Videocassette des *Blair Witch Project* bereits hinreichend strapaziert. Das ist mittlerweile ein alter Hut, eine Banalität, die aus der Feder eines so gewieften Autors eher überrascht.

Außerdem könnte man anmerken, dass Eco es nie mehr ganz geschafft hat, an den Reiz dieses ersten Romans anzuknüpfen. (Wie es scheint, hat er es gerade mit *Baudolino* wieder versucht, der Geschichte eines Straßenjungen aus dem 12. Jahrhundert, die in Italien für Furore sorgte. Man wird sehen.) Es gibt solche Werke, die einmalige Wunder sind, Meisterleistungen, die einem nie wieder gelingen. Dabei denke ich besonders an *Das Parfüm* von Süskind, übrigens auch ein historischer Krimi. Was lernen wir daraus? Jeder Krimi in zeitgenössischem Gewand laugt seinen Autor unwiederbringlich aus, vor allem wenn er Umberto oder Patrick heißt. Ob ich böswillig bin? Ja. Das ist mein Beruf.

Platz 13:

JEAN-PAUL SARTRE *Das Sein und das Nichts*

(L'Être et le Néant, 1943)

Nummer 13? Jetzt erfahren wir endlich, ob diese Zahl Glück oder Unglück bringt. Schauen wir doch mal, wer auf diesem Platz steht ... Aha, Sartre. Die 13 bringt also Unglück.

Mit seinem 1943 erschienenen Hit *Das Sein und das Nichts* belegt Jean-Paul Sartre (1905–1980) in unserer Hitparade den dreizehnten Platz. Diese demokratische Wertung entbehrt nicht einer gewissen Absonderlichkeit, denn ich persönlich hätte von Sartre *Die Wörter* (seine Autobiographie) oder *Der Ekel* (Antoine Roquentin ist eine postmoderne Figur vor ihrer Zeit) gewählt. Ich bin nicht sicher, ob die Abstimmenden *Das Sein und das Nichts* mit dem Untertitel *Versuch einer phänomenologischen Ontologie* alle verstanden bzw. überhaupt gelesen haben, denn es handelt sich hierbei um eine anspruchsvoll geschriebene philosophische Abhandlung, in der Sartre, ausgehend von Husserl, Heidegger, Kierkegaard und Jaspers, den Existentialismus begründet. Grob gesagt macht Sartre in *Das Sein und das Nichts* aus Heidegger das, was ich hier aus ihm mache: eine Art Reader's Digest (nur ist seines viel länger). Unnötig zu betonen, dass man sich kaum auf die Schenkel klopft, während man Sätze entziffert wie diesen: «Dieses Objekt-Ich ist Ich, *das ich bin* eben in dem Maß, wie es mir entgeht, und ich würde es im Gegenteil als meines zurückweisen, wenn es mit mir selbst in reiner Selbstheit übereinstimmen könnte.» Das ist Niveau, das hat man nicht zum letzten Mal gelesen! Da lob ich mir doch das hier: «Alles Existierende entsteht ohne Grund, setzt sich aus Schwäche fort und stirbt durch Zufall.» (Es stand fünf Jahre zuvor in *Der Ekel*).

Stellen Sie sich vor, der Existentialismus hat nicht allein darin bestanden, dass man sich in den Nachkriegsjahren schwarz anzog und sich mit Juliette Gréco und Boris Vian im *Tabou,* Ecke rue Saint Benoît/rue Dauphine, betrank. Der Grundgedanke ist doch sehr viel ernster: «Die Existenz geht der Essenz voraus.» Sie glauben, dass Sie jemand sind, aber in Wirklichkeit sind Sie erst zu diesem Jemand geworden; am Anfang haben Sie sich damit begnügt zu existieren, das war alles. Zugegeben, ein Knüller ist das vielleicht nicht («er entdeckt, dass man durch Schmieden ein Schmied wird», meint Blondin später), aber dennoch: Descartes sagte: «Ich denke, also bin ich», Sartre ändert den Lehrsatz etwas ab – für ihn handle ich, also bin ich. Jede unserer Handlungen entfernt uns vom Nichts und schließt uns gleichzeitig in unser Sein ein; wir sind dazu «verurteilt, frei zu sein». Wir alle spielen eine Rolle: Ein Kellner tut, als sei er ein Kellner, und ich tue, als hätte ich *Das Sein und das Nichts* verstanden. (Immerhin hat mein Großonkel Marc Beigbeder das Vorwort zu *Der Existentialismus ist ein Humanismus* geschrieben, ich sollte also eigentlich wissen, worum es hier geht.)

Das Sein und das Nichts verschafft Sartre Ansehen als Philosoph, obwohl er als Schriftsteller viel glaubwürdiger ist. Nach diesem Buch wird man ihn bis ans Ende dessen, was Bernard-Henri Lévy mit der ihm eigenen Großzügigkeit *Das Sartre-Jahrhundert* nennt, ernst nehmen müssen. Ich persönlich möchte dennoch den Satz eines Humoristen zitieren: «Wie wollen Sie einem Intellektuellen glauben, der mit einem Auge nach links und mit dem anderen nach rechts schaut?» Und hinzufügen möchte ich: erst recht, wenn er auf einem Fass steht und die Augen vor dem Stalinismus fest verschlossen hält (hat er nicht gesagt, «jeder Antikommunist ist ein Hund», was man am liebsten mit lautem Gebell quittieren würde?). Das alles hat nicht verhindert, dass er 1964 mit dem Literaturnobelpreis ausgezeichnet wurde und ihn ablehnte, womit er Bernard Frank die Gelegenheit zu einem Bonmot gab: «Ich glaube nicht, dass er an Bescheidenheit erstickt, ebenso wenig wie ich glaube, dass ein uns allen bekannter provisorischer Brigadegeneral an ihr ersticken würde, wenn er verkündete, er lege keinen Wert darauf, Marschall von Frankreich zu werden» (in Anspielung auf de Gaulle und Pétain). Und wo wir schon dabei sind, könnten wir uns auch gleich fragen, ob *Das Sein und das Nichts* nicht eher ein autobiographischer Roman über das Paar Sartre – Beauvoir ist. Haben sie vielleicht abwechselnd der eine das Sein und die andere das Nichts gespielt?

Platz 12:

SAMUEL BECKETT *Warten auf Godot*

(En attendant Godot, 1953)

Mensch, genau das ist es, ich hab's doch gewusst! Ich hätte ein Theaterstück mit zwei Obdachlosen schreiben sollen, die auf einen Kumpel warten, der nicht kommt! Weiß Gott kein Hexenwerk. Dass ich nicht die Nummer 12 bin, ist wirklich meine eigene Schuld.

Samuel Beckett, der überragende Ire, 1906 in Dublin geboren, wohnhaft in Paris (wie Joyce) von 1936 bis zu seinem Tod 1989, er hat es geschrieben, dieses Theaterstück, in Französisch und im Jahr 1953, bevor er 1969 den Nobel bekam (auf dieser Liste gibt es eine Überdosis Nobele). Das Stück heißt *Warten auf Godot,* und wenn Sie noch nie etwas davon gehört haben, bedeutet das, dass Sie entweder taub, blind oder völlig ungebildet sind. Zwei Penner, Wladimir und Estragon, genannt Gogo und Didi, lassen sich darin von einem gewissen Godot versetzen. Beckett hat ein Faible für Nichtsesshafte: Molloy, der Held seines 1951 erschienenen Romans, war auch schon nicht auf Rosen gebettet. Wladimir und Estragon begegnen einem Sado-Maso-Paar, dessen Herr, Pozzo, seinen Sklaven Lucky an der Leine führt. Sie diskutieren unter einem Baum, und man fragt sich, wann sie endlich in die Gänge kommen. Doch im Gegensatz zu *Die Tatarenwüste*, wo die Tataren am Ende doch noch auftauchen, bleibt Godot aus. Das Warten muss also mit Konversation gefüllt werden; zuweilen erinnert *Warten auf Godot* an jene Zahnarztwartezimmer, in denen die Patienten sich verpflichtet fühlen, miteinander zu reden, um zu vergessen, dass man sie quälen wird; dann wieder fühlt man sich in einen defekten Aufzug in irgendeiner Betonhochhaussiedlung versetzt. Godot ist übrigens nicht God: Das hat Beckett selbst geschrieben. «Wenn ich mit Godot Gott gemeint hätte, hätte ich ihn Gott genannt und nicht Godot.» Damit ist alles klar: Godot, das ist natürlich der Tod, sagen die Zuschauer im Brustton der Überzeugung. Denn *Warten auf Godot* ist ein Stück, bei dem jeder Zuschauer Co-Autor ist (auch wenn Beckett alle Rechte behält).

Deutlich weniger komisch als *Die kahle Sängerin* von Ionesco (drei Jahre zuvor entstanden), ist dieses Zwischenspiel doch amüsanter als Brecht. Godot bleibt das am leichtesten zugängliche Stück von Beckett und DAS (in fünfzig Sprachen übersetzte) Juwel des absurden Theaters der Nachkriegszeit. Es gab einmal einen Punkt, da haben die Bühnenautoren gemerkt, dass wir für nichts sterben, dass das Leben überhaupt keinen Sinn hat und dass es ausgesprochen anstrengend ist, einen Handlungsstrang und realistische Figuren zu erfinden. Bei Beckett kommt allerdings noch ein wirkungsvoller Humor hinzu, auch wenn er ihn in der Folgezeit verliert: «Was soll ich denn sagen? – Sag: ich bin zufrieden. – Ich bin zufrieden. – Ich auch. – Ich auch. – Wir sind zufrieden. – Wir sind zufrieden. Was sollen wir jetzt machen, da wir zufrieden sind?» Jean Anouilh hat über Becketts Theater gesagt: «Es sind die *Pensées* von Pascal, gespielt von den Fratellini.» Mir ist immer noch nicht klar, ob das wohlwollend oder hinterhältig gemeint ist.

Auf jeden Fall wirft *Warten auf Godot* ein Problem auf, das uns im Jahr 2001 immer noch beschäftigt und uns zumindest über die Jahre 00 hinweg weiter beschäftigen wird: Da ja

(Pangloss und Alain Minc zufolge) alles zum Besten bestellt ist in dieser besten aller möglichen Welten, da es keinen Krieg mehr gibt, alles Friede, Freude, Eierkuchen ist, das Wachstum wieder anzieht, die Kohle fließt und die Geschichte zu Ende ist, bleibt immer noch eine Frage, die alles über den Haufen wirft: «Was sollen wir jetzt machen, da wir zufrieden sind?»

Platz 11:

SIMONE DE BEAUVOIR *Das andere Geschlecht*

(Le Deuxième Sexe, 1949)

Um auf Platz 11 des 20. Jahrhunderts zu kommen, musste man schon eine Frau sein wie Simone de Beauvoir (1908 bis 1986), die Autorin von *Das andere Geschlecht*. Denn das 20. Jahrhundert ist das des Klassenkampfes, aber auch des Kampfes der Geschlechter. Über Millionen von Jahren hinweg haben die Männer die Frauen unterdrückt, und siehe da, heute wird Jean-Paul Sartre (Platz 13) in dieser literarischen Hitliste von seiner eigenen Frau geschlagen. Das ist die Magie des Feminismus, ohne Zweifel der wichtigsten Revolution des Jahrhunderts, einer Befreiung, deren Folgen erst allmählich spürbar werden: Erfindung von Viagra, des Lebenspartnerschaftsvertrags, des Strap-on-Dildos, der «Wachhündinnen», des Fight Club, der Pille danach, des Präservativs für die Frau …

Was hat es denn so Umwerfendes zu bieten, *Das andere Geschlecht*? Fast dieselbe Theorie wie in *Das Sein und das Nichts* (nur besser lesbar): Die Frau meint, sie müsse hübsch, sanft und passiv sein, dabei sind diese Eigenschaften das Ergebnis einer Gehirnwäsche durch die Gesellschaft. Auch da geht die Existenz der Essenz voraus: Wenn man ihr nicht bei der Geburt einbläute, sie sei das «andere» oder das «schwache» oder das «schöne Geschlecht», wäre die Frau ein Mensch wie alle anderen, denn «man kommt nicht als Frau zur Welt, man wird es». Die Beauvoir, Tochter aus gutem Hause, stützt sich auf die bürgerliche Erziehung, aber auch auf die Literatur, insbesondere auf Autoren aus unserer Hitliste wie André

Breton und D. H. Lawrence, um zu zeigen, dass die Frau immer durch den Mann bestimmt wird, als SEINE Ehefrau, SEINE Nutte, SEINE Mutter. Das Lästige daran ist aber gar nicht die Tatsache, eine Madonna oder eine Geliebte oder eine Dienerin zu sein, sondern SEIN Etwas, SEIN Objekt, SEIN Ding. *Das andere Geschlecht* ist ein ironischer Titel für eine Streitschrift, die nicht die Feminisierung der Wörter, wie man sie heute fordert, ja nicht einmal die Parität in der Nationalversammlung, sondern schlicht und einfach die Streichung des Possessivpronomens verlangt.

Simone de Beauvoir, 1954 ausgezeichnet mit dem Prix Goncourt für *Die Mandarins von Paris,* eine Satire auf das daniederliegende Pariser Intellektuellenmilieu, wird vor allem wegen dieses Essays fortbestehen, der den Grundstein für die Weltfrauenbewegung legte und mit einem schönen Zitat von Laforgue endet: «O junge Mädchen, wann werdet ihr unsere Brüder sein, unsere innig vertrauten Brüder ohne einen Hintergedanken an Ausbeutung?» In ihrem Privatleben schafften Sartre und sie es ausgesprochen gut, diesen Gedanken umzusetzen: Unverheiratet und kinderlos, haben sie sich dennoch nie getrennt, obwohl sie sich gegenseitig von ihren Seitensprüngen erzählten, Simone bisexuell war, sich in Nelson Algren verliebte, dann einen Turban trug und sich schließlich in einen Biber verwandelte (und Sartre folglich in einen Sodomiten). Kurz gesagt, zwei Mandarine haben unter Beweis gestellt, dass verschiedene Geschlechter einander in aller Freiheit, mitsamt Partnertausch und Unabhängigkeit, durchaus lieben können.

Ich sage es ganz offen: Ich persönlich finde, dass der Feminismus die einzige gelungene Utopie des 20. Jahrhunderts ist.

Ich bin wirklich froh, dass meine Verlobte arbeiten geht; so habe ich sie nicht den ganzen Tag am Hals, und außerdem bringt sie auch noch Kohle nach Hause.

Platz 10:

BORIS VIAN *Der Schaum der Tage*

(L'Écume des jours, 1947)

Number ten ist ein unschuldiges, trauriges Märchen: *Der Schaum der Tage,* eine wunderschöne Liebesgeschichte, die Boris Vian (1920–1959) siebenundzwanzigjährig innerhalb von zwei Monaten schrieb und folgendermaßen zusammenfasste: «Ein Mann liebt eine Frau, sie wird krank, sie stirbt.» (Erich Segals *Love Story* ist also ein dreistes Plagiat!)

Die Phantasie ... Ach ja, die Phantasie. Man hatte sie schon tot geglaubt, die Gute. Aus und vorbei, überholt, ermordet von Realismus und Naturalismus, Autobiographie und engagiertem Roman. Die zärtliche und phantastische Poesie der Liebe zwischen Colin und Chloé ist eine schallende Ohrfeige für die Feinde der Erfindungsgabe. Nein, das Imaginäre steht nicht im Widerspruch zum Gefühl, zum Humor oder zur Satire. Man kann durchaus das Absurde mit der Rebellion verbinden, wie Albert Camus gezeigt hat. Und Vian war, obgleich Ingenieur und Existentialist, mit Queneau befreundet, kannte also den Surrealismus und die Pataphysik, die seine feinsinnigen und verrückten Romanwerke prägen. Vian macht sich darin über Jean-Sol Partre (den Autor von *Der Schein und das Licht*) lustig, verurteilt die Arbeit, das Geld und die Ehe, zeigt, dass alles unmöglich ist (das Glück, die Gesundheit, die Liebe, das Leben), und zugleich, wie in den Frauen Seerosen wachsen und wie Wohnungen schrumpfen. Es gibt eine Gemeinsamkeit zwischen J. D. Salinger, dem Autor von *Der Fänger im Roggen*, und Boris Vian, dem Autor von *Der Herzausreißer*: Beide lehnen die Welt der Erwachsenen ab, auch wenn der eine noch lebt, während der andere vor vierzig Jahren im Alter von neununddreißig starb. *Der Schaum der Tage* zusammenzufassen ist unmöglich: Zu zerbrechlich, zu kristallin, zu zauberhaft ist dieser Roman, als dass jemand, im Sessel vor seinem iMac sitzend, ihn erläutern könnte.

Was mir fehlt, ist ein Pianocktail, dieses legendäre Instrument (zu dem Vian zweifellos durch die Parfümorgel von Des Esseintes inspiriert wurde), das Noten und Spirituosen gleichzeitig mixt. Wenn ich erst literweise gemixte Liköre getrunken hätte, könnte ich mit hübschen, lachenden Mädchen auf die Eisbahn gehen; dann wäre ich in der richtigen Stimmung, ich würde anfangen, Trompete zu spielen, um Boris Vians zehnten Platz zu feiern, und ein kleines graues Mäuschen mit schwarzen Schnurrhaaren käme dazu, um direkt von dort den Sieg Jean-Sol Partres über den echten Jean-Paul Sartre, der bei uns nur Dreizehnter ist, zu kommentieren. Diese Hitliste beweist nämlich, dass die inkonsequenten Nachtschwärmer bedeutender sind als die intelligenten Philosophen. Wir feiern hier einen ebenso verzweifelten wie schlacksigen *Zazou* – so nannte man die exzentrischen Jazzfans jener Zeit –, einen unglaublichen Künstler, der zu Lebzeiten nicht ernst genommen wurde und jetzt triumphiert, weil seine Bücher nur dazu dienen, sich zu amüsieren, dem Tod zu entfliehen, bevor einem im Kino, wo man sein eigenes Werk auf eine zu große Leinwand projiziert sieht, das noch zu junge Herz zerbirst. Es ist nicht überliefert, ob bei der Autopsie eine riesige Seerose darin gefunden wurde …

Es gibt bestimmt Leute, die *Der Schaum der Tage* nicht mögen, die dieses Buch albern oder kindisch finden, und diesen

Leuten möchte hier in aller Form sagen, dass ich sie bedaure, weil sie nicht begriffen haben, was das Allerwichtigste in der Literatur ist. Wollen Sie wissen, was es ist? Der Charme.

Würde mir mehr Platz zur Verfügung stehen, hätte ich Ihnen von Holden Caulfield erzählt, der es mit seinem David-Copperfield-Zeug mehr als verdient hätte, ebenfalls unter diesen Top 50 zu sein, aber ich habe keine Lust, das alles zu erzählen und so.

Platz 9:

HENRI ALAIN-FOURNIER *Der große Meaulnes*
(Le Grand Meaulnes, 1913)

Der große Meaulnes heißt mit Vornamen Augustin. Er tritt in das Leben des Erzählers, eines verklemmten jungen Mannes in einem kleinen Dorf in der Sologne, und wird sein Klassenkamerad. Auf einer Flucht aus dem Internat verliebt sich der große Meaulnes in ein ätherisches, zerbrechlich wirkendes junges Mädchen, dem er nach einer missglückten Hochzeitsfeier in einem schönen geheimnisvollen Landschloss (neben Landschlössern gibt es auch noch Luftschlösser) auf einer Kahnfahrt begegnet. Er verbringt sein Leben damit, sie zu suchen und sie, nachdem er sie gefunden hat, wieder zu verlieren, damit er sie von neuem suchen kann – und jetzt kommt die Frage, die mir auf der Zunge brennt: Glauben Sie, dass Scott Fitzgerald *Der große Meaulnes* von Henri-Alban Fournier, genannt Henri Alain-Fournier (1886–1914), gelesen hatte, bevor er *Der große Gatsby* schrieb? Schicken Sie mir die Antwort, wenn Sie sie wissen, die Ähnlichkeiten machen mich nämlich stutzig; beide Male sind es Erzähler, die von außen über die unmögliche Liebe eines Dritten, noch dazu bei Abendgesellschaften, berichten. Dass Valery Larbauds *Fermina Marquez* rundweg abgeschrieben ist, war ja schon bekannt.

Schauen wir uns für alle Fälle noch einmal die Etymologie des Wortes «désir» (dt. Verlangen, Wunsch) an: Es kommt vom lateinischen «de» (Präfix der Abwesenheit) und «sidus, sideris» (Gestirn). Das Verlangen kommt also von einem verlorenen Stern, es erinnert an einen Meteor, dem man nachjagt, ohne ihn je zu erreichen. Darin liegt die Botschaft von *Der große Meaulnes*. Das ist kein Buch, sondern ein Traum. 1910 formuliert Alain-Fournier es übrigens in einem Brief an Jacques Rivière: «Ich suche die Liebe.»

Es gab die höfische Liebe, die romantische Leidenschaft, die Kristallisation bei Stendhal; Alain-Fournier erfindet die einseitige Liebe auf den ersten Blick. Sobald die Liebe auf Gegenseitigkeit beruht, wird sie unerquicklich; lieben ist schön, geliebt zu werden wird auf die Dauer lästig. Ich weiß nicht mehr, wer gesagt hat, dass es bei einem Paar immer einen gibt, der leidet, und einen, der sich langweilt. Er hat vergessen hinzuzufügen, dass derjenige, der leidet, sich nicht langweilt, während derjenige, der sich langweilt, trotzdem leidet. Und dass es folglich IMMER besser ist, der zu sein, der leidet, und nicht der, der sich langweilt. Also der zu sein, der «die Liebe sucht».

«Indessen gingen die beiden Frauen nahe an ihm vorbei, und Meaulnes betrachtete das Mädchen unbewegt. Oft, wenn er später einschlief, nachdem er verzweifelt versucht hatte, sich das undeutlich gewordene schöne Gesicht ins Gedächtnis zu rufen, sah er im Traum Reihen junger Frauen vorüberziehen, die dieser ähnlich sahen. Die eine trug einen Hut wie sie, eine andere ging wie sie leicht vorgebeugt; eine blickte so klar wie sie, eine andere besaß ihre gute Figur und wieder eine ihre blauen Augen, aber keine dieser Frauen war jemals dieses große junge Mädchen.»

Was den einzigen Roman von Alain-Fournier bis heute so bewegend und unübertroffen macht, ist seine jugendliche Schüchternheit, die umso unversehrter ist, als Leutnant

Fournier am 22. September 1914 im Alter von achtundzwanzig Jahren bei einem Angriff im Wald von Saint-Rémy aux Éparges sein Leben ließ. Und wissen Sie, warum er sein Leben ließ? Um nicht alt zu werden. Die großartigen jugendhaften Romane verlangen, dass ihr Autor nicht alt wird: Boris Vian ist mit neununddreißig Jahren gestorben, Raymond Radiguet mit zwanzig, René Crevel mit fünfunddreißig, Jean-René Huguenin mit sechsundzwanzig. Alain-Fournier hat gut daran getan, früh zu sterben, denn er mochte die Realität nicht – und die akzeptiert man umso eher, je älter man wird.

Platz 8:

ERNEST HEMINGWAY ***Wem die Stunde schlägt***

(For Whom the Bell Tolls, 1940)

Wem schlägt die Stunde? Sie schlägt mir, der ich nicht die Nummer 8 bin.

Es war Zeit, dass Ernest Hemingway (1898–1961), der 1940 *Wem die Stunde schlägt* veröffentlichte und 1954 den Literaturnobelpreis bekam, auf dieser Liste auftauchte. *For Whom the Bell Tolls* ist, neben Malraux' *Die Hoffnung* (drei Jahre früher erschienen), DER große Roman des Spanischen Bürgerkriegs. Es ist Hemingways dickster, ehrgeizigster und (mit einer Million Exemplaren in einem Jahr) am meisten verkaufter Roman, aber auch der, in dem er seine Eisberg-Theorie am besten umsetzt, der zufolge das, was in seinen Büchern vorkommt, nur die aus dem Wasser ragende Spitze eines gewaltigen Eisbergs ist. Das heißt, *Wem die Stunde schlägt* hätte zehnmal länger sein können, wenn er sein ganzes Pulver darin verschossen hätte! Uff, da haben wir ja nochmal Glück gehabt, bei Hemingway mag ich nämlich, genau wie Dorothy Parker, am liebsten seine kurzen, bissigen Novellen, in denen er tatsächlich seinen Traum verwirklicht: schreiben wie Cézanne malt (das wird France Gall freuen).

Wem die Stunde schlägt versetzt uns also, auf der Seite der republikanischen Partisanen, mitten in den Spanischen Bürgerkrieg; die Dialoge sprudeln, ein Angriff wird vorbereitet, Robert Jordan soll eine Brücke sprengen, er verliebt sich in Maria; der Roman spielt in einem Zeitraum von siebzig Stunden, in deren Verlauf Robert allmählich begreift, dass er quasi für nichts sterben wird; aber er zeigt Großmut und akzeptiert es. Gegen Ende wird Hemingways berühmter Telegrammstil (in Kriegszeiten nur logisch) lyrischer als gewöhnlich: Es gibt sogar, man höre und staune, ein paar Adjektive! Hemingway zögert nicht, ein Massaker von Kommunisten an Frankisten darzustellen, ohne damit jedoch der antifaschistischen Sache zu schaden. Was zeigt, dass es wichtig ist, wenn man die Guten gegen die Bösen verteidigen will, die Guten nicht zu gut und die Bösen nicht zu böse zu machen. Selbst während des Ersten Weltkriegs in Italien verwundet, hat Hemingway daraus zehn Jahre zuvor *In einem andern Land* gemacht – und da ihm das recht gut gelungen ist, wiederholt er den Versuch, ausgehend von seinen Erfahrungen als Kriegsberichterstatter in Spanien im selben Lager wie George Orwell. Lange bevor Tom Wolfe dessen Urheberschaft für sich in Anspruch nahm, betrieb er bereits Neuen Journalismus!

«Papa» Hemingway wäre sicher entzückt, könnte er sehen, dass er in diesen Top 50 vor Joyce, Fitzgerald und Faulkner rangiert: Er gehört zu den wenigen Schriftstellern, die die Literatur als Wettstreit betrachten. Er verglich sie oft mit einem Boxkampf, bei dem er Maupassant auf die Bretter schicken und wenigstens ein paar Runden gegen Tolstoi durchhalten wollte. Allerdings hätte es ihn ganz bestimmt geärgert zu sehen, wer siebter in dieser Hitliste ist … Armer Ernest! Von Proust geschlagen zu werden, gebongt, aber von Steinbeck … Da könnte man sich ja gleich erschießen! Hoppla, ’tschuldigung, da hab ich voll danebengegriffen, aber das haben Sie, Ernest, ebenso wie Ihr Vater, ja auch getan.

Zum Schluss möchte ich gerne zitieren, was die heilige Dorothy Parker einmal im *New Yorker* schrieb: «Ford Madox Ford hat von diesem Autor gesagt: ‹Hemingway schreibt wie ein Engel.› Dem widerspreche ich (nichts beseitigt morgendliche Kopfschmerzen besser als Widerspruch). Hemingway schreibt wie ein Mensch.»

Platz 7:

JOHN STEINBECK *Früchte des Zorns*
(The Grapes of Wrath, 1939)

Es lohnt sich nicht, auch nur eine einzige der *Früchte des Zorns* zu pflücken. Diese umfangreiche Fleißarbeit von John Steinbeck (1902–1968) beschreibt die schreckliche Krise der dreißiger Jahre, die die armen Bauern des amerikanischen Mittleren Westens an den Bettelstab brachte, an dem sie ohnehin bereits waren. Daraus wurde ein schöner Film von John Ford mit einem als rebellischer Bauer verkleideten Henry Fonda. Damals wie heute waren den Amerikanern die Armen scheißegal, solange sie nicht weiß waren: John Steinbeck hat ihnen immerhin gezeigt, dass man sehr wohl hellhäutig und mittellos sein konnte, was ein bisschen am Lack des «American Dream» kratzte. Der Zweite Weltkrieg kam dann gerade rechtzeitig, um sie abzulenken, so wie die Bombardierung des Irak zum Zeitpunkt der Lewinsky-Affäre.

Die Familie Joad ist gezwungen, aus Oklahoma wegzuziehen, um in Kalifornien Arbeit zu suchen. Auf der Route 66 durchquert sie im Hudson Super Six die Vereinigten Staaten, die Großeltern sterben, die Kinder weinen vor Hunger, und das Ganze, um schließlich im Lager ausbeuterischer Großgrundbesitzer zu landen, die sie zusammenschlagen und sogar einen von ihnen umbringen. Von wegen «Frontier»!

Wenn Sie die *Früchte des Zorns* ernten und sie fermentieren lassen, bekommen Sie einen kräftigen Wein, aber keinen besonders feinen Nektar. Die engagierten Romane reifen schlecht, genau wie der Beaujolais nouveau, den man am besten im Jahr seiner Lese trinkt, denn danach wird er nur noch schlechter. In Paul Morands zu Recht *Journal inutile,* «nutzloses Tagebuch» genannten Aufzeichnungen findet sich eine einzige interessante Anmerkung: «Ideengut lässt die Bücher altern wie Leidenschaft die Körper.» Ich würde mich sogar zu der Behauptung versteigen – und nicht einmal Gefahr laufen, dass mir jemand widerspricht, da ich in der Kälte und Einsamkeit dieser undankbaren Arbeit ganz allein dastehe –, dass *Grapes of Wrath* das *Germinal* des 20. Jahrhunderts ist, was nicht zwangsläufig eine Beleidigung darstellt. Wenn man nun *Die Elenden* von Hugo nähme und einen Western daraus machte? Man kann sich durchaus eine Bearbeitung unter der Regie von Josée Dayan mit Gérard Depardieu in der Hauptrolle vorstellen. Das wäre gut, aber wäre es auch schön? Nicht unbedingt: So wie das Beste der Feind des Guten ist, wissen wir seit André Gide, dass das Gute sich nicht mit dem Schönen vereinbaren lässt («mit guten Ansichten macht man schlechte Literatur»).

Um die Wirkung zu erhöhen, macht Steinbeck einen auf beeindruckend und treibt das naturalistische Melodram auf die Spitze: Obwohl er sie beide in unseren Top 50 übertrifft und 1962 wie sie den Literaturnobelpreis bekommen hat (eine wahre Epidemie in dieser Hitliste), reichen seine saloppen Dialoge nicht an die eines Hemingway, seine Beschreibungen der gesellschaftlichen Hintergründe nicht an die eines Faulkner heran; im Grunde besteht der Hauptvorwurf, den man Steinbeck machen kann, nicht darin, dass er zu sehr nach Schweiß, sondern darin, dass er nach Pathos stinkt. Wenn Sie davon unbedingt eine Dosis brauchen, lesen Sie lieber *Von Mäusen und Menschen,* was den Vorteil hat, kürzer zu sein.

Würde mir mehr Platz zur Verfügung stehen, hätte ich Ihnen von meinen Wurzeln im Landadel erzählt. Ja, meine Familie hatte früher ein paar Vasallen, die unsere Felder bebauten, während unsere Verwalter ihnen den Zehnten abknöpften und meine Ururgroßväter das jus primae noctae an ihren Töchtern vollzogen. Durchgeknallt? Wie, ich bin durchgeknallt?

Platz 6:

LOUIS-FERDINAND CÉLINE *Reise ans Ende der Nacht*

(Voyage au bout de la nuit, 1932)

«Nummer 6» hieß der Held der gleichnamigen Fernsehserie. Erinnern Sie sich? Der, der schrie: «Ich bin keine Nummer, ich bin ein freier Mensch!» Diese Rangnummer passt also sehr gut zu Louis-Ferdinand Céline.

Reise ans Ende der Nacht von Louis-Ferdinand Céline (1894 bis 1961) ist der revolutionärste Roman des Jahrhunderts, und der beste Beweis dafür ist, dass er 1932 nicht den Prix Goncourt bekam. Obwohl Céline, als er ihn zu Denoël brachte, orakelte: «Das ist der Goncourt mit links und Brot für ein ganzes Jahrhundert der Literatur.» Mit dem Anfang seines Satzes täuschte er sich, und mit dem Ende auch, denn wie allgemein bekannt, war Céline nicht Bäcker, sondern Arzt.

Manche Bücher sind unerklärbar. Sie scheinen aus dem Nichts aufzutauchen, und dennoch fragt man sich, wenn man sie liest, wie die Welt bis dahin ohne sie hat auskommen können. Die *Reise* scheint zu dieser kleinen Familie zu gehören: Ihre Evidenz stellt das Leben aller ihrer Leser auf den Kopf. Célines ungeschliffene Sprache verändert für immer Ihre Art zu sprechen, zu schreiben, zu lesen und zu leben. «Nur die Musik ist eine direkte Botschaft an das Nervensystem. Der Rest blabla.» Das übersteht man nicht unbeschadet. Ich beneide diejenigen unter Ihnen, die dieses irrsinnige Monumentalgemälde von Aas und Ungeziefer noch nicht gelesen haben; ihnen steht die geistige Entjungferung noch bevor. Sie wissen, wie ich das meine: Am Anfang ist es nicht immer angenehm, doch dann beginnt es einem zu gefallen.

Als Held auf der Flucht durchquert Ferdinand Bardamu, Nachfahre von Ulysses und Vorfahre der Beatgeneration, den Ersten Weltkrieg, den Kongo, New York, Detroit, Paris, Toulouse, wird Arzt in den Pariser Vorstädten, dann Leiter einer psychiatrischen Klinik. In gewisser Weise könnte man die *Reise ans Ende der Nacht* als den ersten Globalisierungsroman bezeichnen. Fünfzig Jahre vor der Zeit beschreibt Céline die Schrumpfung des Planeten, seine Uniformisierung. Überall trifft sein Antiheld nur auf Tote oder Sterbende, wie Robinson beim Volksfest von Batignolles. Überall eine Gesellschaft, die nur dazu dient, zu töten oder wahnsinnig zu machen. Céline schreibt den finstersten Schelmenroman der Geschichte; daneben ist *Don Quichotte* ein Sonntagsspaziergang! Céline hat das Kunststück vollbracht, mit schwarzer Tinte auf schwarzem Grund zu schreiben und trotzdem lesbar zu sein. «Ich habe geschrieben, damit man mich nicht lesen kann», sagte er später. Keinem seiner unzähligen Nachahmer, darunter viele große Talente (Sartre, Camus, Henry Miller, Marcel Aymé, Antoine Blondin, Alphonse Boudard, San Antonio, Charles Bukowski ...), ist es je gelungen, auch nur annähernd die Klarheit seiner Schwärze, die Amoralität seiner Apokalypse, die Hysterie seines Albtraums, den Ekel seines Epos zu erreichen.

Wie hat Dr. Destouches, der achtunddreißigjährige in Clichy praktizierende Arzt, der den Namen seiner Großmutter als Pseudonym benutzte, eine solche «gefühlsgewaltige literarische Symphonie» komponieren können, bevor er fünf Jahre später *Die Judenverschwörung in Frankreich* (ein düsteres Pamphlet, dem einige Auslassungspunkte gut getan hätten) schrieb? Bei näherem Hinsehen entdeckt man leider eine Übereinstimmung: Bardamu, der Anarchist, suchte einen Schuldigen, und Céline, der Antisemit, fand dann einen Sündenbock. Natürlich hat er sich, was die Ursache für das Elend der Menschen angeht, fürchterlich geirrt. Dennoch bleibt die Feststellung aus *Reise ans Ende der Nacht* unverändert aktuell: Wir versuchen, ohne Gott auf einem kleinen Planeten zu überleben, der Armut, Kriege und Fabriken hervorbringt. «Ein unendliches, allgemeines Gespött.» Und niemand weiß, «weshalb man auf der Welt ist».

Roger Nimier hat etwas sehr Hübsches über Céline gesagt: «Der Teufel und der liebe Gott streiten sich sehr heftig über ihn.» Mir scheint, dieser Krach ist noch lange nicht ausgestanden. Und jetzt machen Sie das Licht aus, ich will in der Nacht umherirren … ich habe viel Zeit, um die düstere Trostlosigkeit zu durchqueren … «und die ganze Stadt, Himmel und Feld. Und er ruft uns und nimmt auch die Seine mit, alles … damit niemand mehr davon berichten kann …»

Platz 5:

ANDRÉ MALRAUX *So lebt der Mensch*

(La Condition humaine, 1933)

Verehrte Damen und Herren, jetzt kommt der Moment, auf den Sie alle gewartet haben: die Top 5 des 20. Jahrhunderts! Auf dem fünften Platz steht André Malraux (1901–1976) mit *So lebt der Mensch*: 1933 der Goncourt, 1996 das Panthéon.

Wir befinden uns im Schanghai des Jahres 1927. Eine Zeit des Aufstands in China. Ein junger gedungener Mörder erdolcht einen friedlich Schlafenden: Man könnte fast meinen, die Szene in der Dusche bei *Psycho,* nur dass man den Duschvorhang durch ein Moskitonetz ersetzen muss. Tschiang Kai-schek kommt an die Macht. Sehr schnell offenbart der Kommunismus seine ersten Widersprüche: Das alles hat man zur Verteidigung des Menschen getan; aber damit es funktioniert, müssen Menschen gequält werden. Dieses Dilemma nimmt in einigen zentralen Figuren Gestalt an: in Kyo Gisors, dem humanistischen Kopf der Revolutionäre, Katow, dem russischen Jean Moulin, Hemmelrich, dem feigen Belgier, der als Held endet, Ferral, dem zynischen Kapitalisten, Clappique, dem krankhaft verlogenen Spieler. Grob gesagt hängt Tschiang Kai-schek sein Fähnchen nach dem Wind, und unsere rote Bande wird von Chinesen abgemurkst, die im Sold französischer Imperialisten stehen. Das kommt Ihnen kompliziert vor? Kein Wunder, ist es ja auch.

Diese Menschen ringen um ihre Menschlichkeit: Großmütig und monströs, glanzvoll und lächerlich, mächtig und ohnmächtig zugleich wuseln sie wie Ameisen vergeblich umher in dem Versuch zu existieren, ihrem eigenen Leben und dem Tod ihrer Kameraden einen Sinn zu geben. *So lebt der Mensch* ist ein Abenteuerroman, vor allem aber ein engagierter Roman, der Roman eines enttäuschten Idealismus, also durch und durch ein Werk des 20. Jahrhunderts. Die von Malraux so herbeigesehnte chinesische Revolution siegt am Ende, und Malraux muss erleben, wie sie zum Blutbad des Totalitarismus wird. Das war die Bestätigung seiner Gedanken über die Tragik der Conditio humana. Zitieren wir das Ende seines Buches: «Ein jeder leidet, weil er denkt. Nur im Zeitlosen vermag der Geist sich den Begriff des nichtleidenden Menschen vorzustellen; Lebensbewusstsein aber äußert sich nur in der Angst. Man sollte das Leben nicht mit dem Geiste denken, sondern mit dem Opium.» Eine Lösung, der er sich später zuwandte, um seine romantische Veranlagung zu vergessen.

Der Stil von André Malraux' Romanen ist inzwischen leicht angestaubt: Sie haben den schwülstigen Ton des Off-Sprechers bei der Gaumont-Wochenschau der Vorkriegszeit und diesen völligen Mangel an Ironie, der die Reden des Kultusministers unter General de Gaulle kennzeichnet. Wenn man liest, «Jeder Mensch träumt davon, Gott zu sein», glaubt man manchmal zu hören: «Tritt ein, Jean Mouliiiiin.» Die Action-Szenen dagegen sind filmreif, und die erzählerische Kraft wird nie aus der Mode kommen. Drei Jahre nach *So lebt der Mensch* engagierte sich Malraux im Spanischen Bürgerkrieg, dann, einige Zeit später, in der Résistance: Um es ihm gleichzutun, kriechen gewisse Intellektuelle heute an allen Brennpunkten der Welt im Kampfanzug mitten im Bombenhagel herum. Dabei verhielt es sich genau umgekehrt: «Die Kunst hat für mich die Verabredungen mit der Geschichte getroffen», sagte Malraux. Diese Katze ist immer wieder auf die Füße gefallen …

In China haben die Revolutionäre mittlerweile das Lager gewechselt: Tschen ist jetzt ein Student, der sich auf dem Platz des Himmlischen Friedens den Panzern entgegenstellt, bevor er in eines der «laogai» (chinesische Gulags) geschickt wird. Das Beruhigende daran ist, dass immer eine Revolution notwendig sein wird. Die Conditio humana ist zwar vielleicht tragisch, aber langweilig wird sie nie. (Was bei näherer Betrachtung nichts Beruhigendes hat.)

Würde mir mehr Platz zur Verfügung stehen, hätte ich Ihnen von meinen Großtaten während der Streiks im Jahr 1995 erzählen können: Einmal habe ich sogar, «Zum Teufel mit der Gesellschaft!» gerufen.

Platz 4:

ANTOINE DE SAINT-EXUPÉRY *Der kleine Prinz*

(Le Petit Prince, 1943)

Bitte … zeichne mir ein Meisterwerk. Bitte … sag mir, wer die Nummer 4 der «Letzten Inventurliste» ist.

Der kleine Prinz von Antoine de Saint-Exupéry (1900–1944) ist das einzige Märchen des 20. Jahrhunderts. Im 17. Jahrhundert gab es die Märchen von Perrault, im 18. die der Brüder Grimm, im 19. die Andersen-Märchen. Im 20. Jahrhundert gab es *Der kleine Prinz,* geschrieben von einem französischen Flieger, der zwischen 1941 und 1943 im amerikanischen Exil lebte, wo das Buch erschien, bevor es 1945, ein Jahr nach dem Tod seines Autors, in Frankreich veröffentlicht wurde. Seit seinem Erscheinen werden von diesem illustrierten Bändchen, einem echten Auflagenphänomen, Jahr für Jahr Millionen von Exemplaren verkauft.

Warum? Weil Antoine de Saint-Exupéry, ohne es zu beabsichtigen, unmittelbar mythische Figuren geschaffen hat: den von seinem Planeten B 612 gefallenen kleinen Prinzen, der einen in der Wüste verirrten Flieger bittet, ihm ein Schaf zu zeichnen; den Laternenanzünder, der dauernd guten Abend und guten Tag sagt; den philosophischen Fuchs, der gezähmt werden will … und der dem kleinen Prinzen klar macht, dass er «für seine Rose verantwortlich» ist.

Dieses Märchen hätte auch «Auf der Suche nach der verlorenen Kindheit» heißen können. Saint-Exupéry spricht darin immer wieder von den ernsten und vernünftigen «großen

Leuten», da sein Buch sich in Wahrheit nicht an die Kinder richtet, sondern an die, die meinen, keine mehr zu sein. Es ist ein Pamphlet gegen das Erwachsenenalter und die Verstandesmenschen, verfasst mit einer zarten Poesie, einer einfachen Weisheit (Harry Potter, du kannst getrost nach Hause gehen!) und einer vorgetäuschten Naivität, hinter der sich in Wirklichkeit ein unerwarteter Humor und eine umwerfende Melancholie verbergen.

Man könnte Saint-Exupéry als einen bescheidenen Malraux bezeichnen und den *kleinen Prinzen* als eine Art blonden E. T. oder eine *Alice* von Lewis Carroll im Maskulinum (mit derselben zwiespältigen Faszination für die Paradiese der Kindheit). Wie viele der zuvor genannten großen Schriftsteller wollte Saint-Ex nicht älter werden, und *Der kleine Prinz* war ja letztlich auch ein Vorzeichen. Einige Monate nach seinem Erscheinen bestand der damals vierundvierzigjährige Adelige darauf, zu einer Aufklärungsmission über dem Mittelmeer zu starten, und verschwand wie seine kleine Romanfigur. Erst vor wenigen Monaten fand man das Wrack seiner Lockheed P 38 Lightning vom Typ J, modifiziert zur F5B. Wenn man noch einmal liest, wie das Märchen endet: «Dann seid so gut und lasst mich nicht weiter so traurig sein: Schreibt mir schnell, wenn er wieder da ist ...», wird einem klar, dass *Der kleine Prinz* ein erschütterndes Testament ist.

Platz 3:

FRANZ KAFKA *Der Prozess*

(1925)

Jetzt aber mal langsam, bin ich nicht die Nummer 3? Schauen Sie doch nochmal in Ihre Register, ich kann Ihnen alles erklären, es handelt sich sicher um ein Missverständnis, Sie werden lachen, ich glaube, es ist eine Verwechslung. Ich muss auf der Liste stehen, das wäre doch grotesk, eine lächerliche Situation ... also wirklich, das ist ja kafkaesk!

Jetzt ist es heraus, das Wort. *Der Prozess,* postumes Meisterwerk von Franz Kafka (1883–1924) – veröffentlicht gegen seinen Willen dank seinem Freund Max Brod –, wurde von Ihnen zum dritten der fünfzig Bücher des Jahrhunderts gewählt. Warum? Unter anderem, weil der Name seines Autors zum Adjektiv geworden ist. «Kafkaesk» ist heute ein Synonym für Angst vor Bürokratentum, für tschechische Absurdität und Expressionismus in Schwarzweiß (selbst wenn die Literatur gegenüber dem Film noch den Vorteil hat, dass Bücher grundsätzlich schwarz auf weißem Hintergrund erscheinen).

Joseph K., ein schweigsamer, lediger Bankangestellter, der niemanden um irgendetwas gebeten hat, wird von uniformierten Beamten verhaftet. Man gibt ihm zu verstehen, dass er bald verurteilt wird. Obwohl er gar nichts getan hat! Das spielt aber keine Rolle: Die ganze Stadt weiß schon Bescheid. Er darf sich unter Aufsicht frei bewegen. Und wird völlig paranoid. Hat Kafka den Totalitarismus stigmatisieren wollen? Keineswegs. *Der Prozess* ist keine politische Streitschrift, sondern eine metaphysische Parabel; dieser Prozess entpuppt sich als der aller Menschen, Ihrer und meiner, die wir in eine Gesellschaft hineingezogen sind, die unseren Verstand übersteigt.

Aber welches Verbrechen haben wir begangen, dass wir das verdienen? Schon bei der Geburt haben wir die Erbsünde begangen. Wir werden dazu verurteilt, zur Schule zu gehen, und dort beurteilt man uns, gibt uns schlechte Noten, bringt uns Disziplin bei. Danach schickt man uns zur Armee und verpflichtet uns anschließend zu lebenslanger Zwangsarbeit; im Grunde ist die Existenz nur ein langer Prozess, in dem das Gericht uns natürlich von vornherein zum Tode verurteilt hat.

In einem kürzlich erschienenen Werk schreibt Pierre Dumayet den hübschen Satz, «bei Kafka ist die Demütigung eine Landschaft». Bei Kafka gibt es zwar einen Pessimismus, der als kalter, gräulicher Dekor dient, aber auch Humor, auch heilsame Ironie; wir dürfen nicht vergessen, dass er, wenn er seinen Freunden seine Manuskripte vorlas, vor Lachen brüllte. Für ihn sind alle diese ausgesprochen düsteren Geschichten (*Der Prozess,* aber auch *Das Schloss* und *Die Verwandlung*) zunächst einmal dicke Farcen und ganz nebenbei auch eine Art von Nouveau Roman ein halbes Jahrhundert vor seiner Entstehung (zwölf Kapitel in einer trockenen, fragmentarischen Sprache, das könnte doch glatt Nathalie Sarraute sein, oder?).

Der Prozess ist wie viele der Meisterwerke auf unserer Liste auch ein prophetisches Phantasiegebilde. Der Roman erschien 1925, Kafka hatte ihn aber schon zehn Jahre früher,

1914, geschrieben, d. h. vor der russischen Revolution, vor dem Ersten Weltkrieg, vor Nationalsozialismus und Stalinismus; die Welt, die in dem Buch beschrieben wird, existiert noch nicht, und dennoch hat er sie gesehen. Sollte Kafka der Nostradamus des 20. Jahrhunderts sein? Ganz und gar nicht. Es ist das 20. Jahrhundert, das ihm gehorcht hat. Man könnte sogar eine Hypothese formulieren, die ich, ohne zu zögern, als kafkaesk bezeichnen würde: Wenn nun der Kalte Krieg, die Denunzierungen, die Überwachung, die marionettenhaften Diktatoren und die willkürlichen Deportationen, Solschenizyn und Orwell, wenn all das einfach dem Kopf eines kleinen Prager Versicherungsangestellten entsprungen wäre? Und wenn Millionen von Menschen absurderweise nur gestorben wären, um Franz Kafkas fahlen Albträumen und verschwommenen Labyrinthen Recht zu geben?

Mir läuft es kalt den Rücken hinunter. Denn ich weiß, dass man auch mir eines Tages den Prozess machen wird. Den Prozess der Kritik, den Prozess dieser Hitliste … Verzeihen Sie mir! Erbarmen! Ich bitte das hohe Gericht um Milde.

Platz 2:

MARCEL PROUST *Auf der Suche nach der verlorenen Zeit*
(À la recherche du temps perdu, 1913–1927)

Der gewaltige Marcel Proust (1871–1922) steht zwar nur auf dem zweiten Platz der fünfzig Bücher des Jahrhunderts, aber wissen Sie auch warum? Weil er der Erste unter den tausend Büchern des Jahrtausends ist und sich damit auf der Ebene des kleinen 20. Jahrhunderts ein bisschen außer Konkurrenz sieht.

Über sein Meisterwerk ist alles, mitunter bis zum Exzess, gesagt, geschrieben, glossiert worden, und nun wollen Sie, dass ich Ihnen dieses dreitausend Seiten dicke Monstrum in wenigen Zeilen zusammenfasse? Nicht Proust, ich bin jetzt auf der Suche nach der verlorenen Zeit! Der Titel spricht übrigens Bände: *Die Suche nach der verlorenen Zeit* hätte um ein Haar «Das intermittierende Herz», «Die Dolchstichtauben» oder «Die Stalaktiten der Vergangenheit» geheißen, aber der gewählte Titel fasst unser Jahrhundert letztlich am besten zusammen. Im Grunde ist es gerade das 20. Jahrhundert, das die Zeit beschleunigt hat, in dem alles zum Instantprodukt geworden ist, und Proust hat, wie die meisten Genies, ungewollt die richtige Intuition gehabt. Heute besteht die Pflicht eines jeden Schriftstellers darin, uns bei der Suche nach der Zeit, die das Jahrhundert zerstört hat, zu helfen, denn «die wahren Paradiese sind Paradiese, die man verloren hat». Proust hat sein Kartenhaus aus sieben Bänden geschrieben, um uns schlichtweg zu sagen: Die Literatur dient dazu, die Zeit wiederzufinden … zum Lesen!

Natürlich könnte ich Ihnen eine Zusammenfassung seines zugleich impressionistischen und kubistischen, autobiographischen und fiktiven Romans liefern, indem ich mich auf ein paar Eckpunkte stützte: Ja, es ist der Roman der Liebe, die sich durch die Eifersucht in Wahnsinn verkehrt, die Liebe von Swann zu Odette, die des Erzählers zu Albertine; natürlich ist es die Geschichte von Marcel, einem extravaganten Karrieristen, der gerne von der Prinzessin von Guermantes eingeladen werden möchte, da das aber nicht klappt, ein menschenfeindlicher Schriftsteller wird; sicher, es ist das Coming-out eines heimlichen Homosexuellen, der die Dekadenten seiner Epoche, den Baron de Charlus und seinen Freund Jupien, beschreibt, um sich davon reinzuwaschen, dass er genauso ist wie sie; gut, es ist das Gemälde eines künstlichen aristokratischen Milieus vor und während des Ersten Weltkriegs; ohne Zweifel ist es auch das Abenteuer eines jungen Mannes, der erzählt, wie er Schriftsteller geworden ist, indem er über Pflastersteine stolperte, statt sie auf Polizisten zu werfen …

Das würde jedoch bedeuten, die Augen vor dem eigentlichen Mittelpunkt des Buches zu verschließen, nämlich der wiedergefundenen Zeit. Sie kann mit allem Möglichen angefüllt sein, die wiedergefundene Zeit: mit der wehmütigen Erinnerung an die eigene Kindheit, wenn man eine Madeleine isst; mit dem Tod, wenn man alt gewordene Snobs wiedersieht; mit der Abnutzung der leidenschaftlichen Liebe, oder wie man den Schmerz in Langeweile verwandelt; mit der unwillkürlichen Erinnerung, einer echten Zeiterforschungsmaschine, die man durch das Schreiben besiegen kann, während man eine Sonate von Vinteuil oder die Kirchenglocken von Martinville hört: «Die Erinnerung an ein bestimmtes Bild ist wehmutsvolles Gedenken an einen bestimmten Augenblick; und Häuser, Straßen, Avenuen sind flüchtig, ach! Wie die Jahre.»

Sagen wir es rundheraus: Proust schreibt oft sehr lange Sätze, in die viele Leute sich nur mit Mühe hineinfinden. Kein Grund für Schuldzuweisungen; es ist ein Rhythmus, an den man sich gewöhnen muss. Ich persönlich habe diese Schwierigkeit überwunden, indem ich mir Folgendes gesagt habe: Diese unendlich langen, bis ins Letzte ausgefeilten Sätze passen sich den Bewegungen des menschlichen Gehirns an. Wie kann man Proust vorwerfen, lange Sätze zu schreiben, wenn Sie in Ihrem Kopf viel längere (und deutlich weniger interessante, entschuldigen Sie, wenn ich das so sage) Sätze bilden?

Proust wollte nicht sterben, also hat er sich eingeschlossen, hat nachts gelebt und tagsüber geschlafen, wie ein Vampir das Blut des Faubourg Saint-Germain gesaugt und sich von 1906 bis an sein Ende 1922 zu Tode geschuftet, und er hat gewonnen, er ist ewig, denn: «Das wahre Leben, das endlich entdeckte und aufgehellte, das einzige infolgedessen von uns wahrhaft gelebte Leben, ist die Literatur.» Von Gide bei Gallimard abgelehnt, kam *In Swanns Welt* 1913 auf Kosten des Autors bei Grasset heraus; der nächste Band, *Im Schatten junger Mädchenblüte,* wurde bei Gallimard verlegt und 1919 mit dem Prix Goncourt ausgezeichnet; danach erlebte Proust noch die Veröffentlichung von *Die Welt der Guermantes* (1921) und *Sodom und Gomorrha* (1922), während die drei letzten Bände, *Die Gefangene*, *Die Entflohene* und *Die wiedergefundene Zeit* erst postum, und von seinem Bruder Robert ordentlich durchgeknetet, 1923, 1925 und 1927 erschienen.

Und 1927 ist das Jahrhundert zu Ende. Fünf Jahre später gibt es noch Céline, es gibt die achtundvierzig anderen Bücher unserer Hitparade, dazu alle die, die nicht darin auftauchen, aber im Großen und Ganzen sind die Würfel gefallen. Niemand wird JE wieder so schreiben können wie vorher. Niemand wird je wieder so LEBEN können wie vorher. Fortan ist jedes Mal, wenn ein Bild, eine Empfindung, ein Geräusch, ein Geruch Sie an etwas erinnert – vielleicht denken Sie ja sogar gerade jetzt, wo Sie mich lesen, an ein Gefühl, eine Erinnerung, einen Französischlehrer, der Sie in der Oberstufe bis zum Erbrechen mit Proust getriezt hat – jedes Mal also, wenn Sie einen solchen Flashback haben, ist das wiedergefundene Zeit. Das ist dann Proust. Das ist schöner als alle DVDs und packender als jede Playstation. Wissen Sie warum? Weil Proust uns lehrt, dass die Zeit nicht existiert. Dass wir bis zu unserem Tod jedes Alter unseres Leben haben. Und dass es nur an uns liegt, uns die Minute auszusuchen, die uns am besten gefällt.

Platz 1:

ALBERT CAMUS *Der Fremde*

(L'Étranger, 1942)

Die Nummer 1 dieser Rangliste der fünfzig Bücher des Jahrhunderts, die von sechstausend Franzosen per Stimmzettel ausgewählt wurden, bin nicht ich, aber das ist mir egal, ich bin nicht mal sauer, werde eben in der «Ersten Inventurliste» des 21. Jahrhunderts stehen, Oder? Wie, das etwa auch nicht??

Zunächst muss man betonen, dass unser absoluter Siegertitel die Faulenzer beruhigen wird: Es ist ein sehr kurzer Roman (hundertdreiundvierzig großzügig bedruckte Seiten). Unnötig, sich besonders anzustrengen: Ein Meisterwerk kann man auch schreiben, ohne wie Proust Tausende von Seiten zu schwärzen. Ein Meisterwerk, das wir auf die Minute genau in einer halben Stunde lesen können. Die zweite gute Nachricht: Die Nummer 1 unserer Liste ist ein Erstlingsroman. Es handelt sich also um einen erstplatzierten Erstlingsroman. Und dann noch eine schlechte Nachricht für die Fremdenfeinde: Der Lieblingsroman der Franzosen trägt den Titel *Der Fremde.*

Er erzählt die Geschichte von Meursault, einem Außenseiter, dem alles schnuppe ist: Seine Mutter stirbt – das kümmert ihn nicht; an einem Strand in Algerien tötet er einen Araber – das ist ihm egal; man verurteilt ihn zum Tode – er verteidigt sich nicht einmal. Der berühmte erste Satz des Buches zeigt es schon: «Heute ist Mama gestorben. Vielleicht auch gestern, ich weiß nicht.» Der Typ weiß nicht mal, an welchem Tag seine Mutter gestorben ist! Eins macht man sich oft nicht bewusst: All die großartigen Loser, die verwirrten Killer und desillusionierten Antihelden der Gegenwartsliteratur sind Meursaults Erben. Sie sind glückliche Sisyphusse, gewitzte Rebellen, optimistische Nihilisten, blasierte Naivlinge, kurz, wandelnde Paradoxe, die, obwohl alles nutzlos ist, das Atmen nicht einstellen.

Für Albert Camus (1913–1960) ist das Leben nämlich absurd. Warum das alles? Wozu ist es gut? Warum diese nutzlose Chronik? Haben Sie nichts Besseres zu tun, als dieses Buch zu lesen? Alles ist eitel unter der Sonne (Camus ist der Prediger der Algerienfranzosen). Diese schweigsame Klarheit hat Camus nicht daran gehindert, 1957 den Literaturnobelpreis entgegenzunehmen (mit 44 Jahren, was ihn zum jüngsten Nobelpreisträger nach Kipling machte). Warum? Weil er seinen Existentialismus in die einfache Devise gepackt hatte, dass das Leben «umso besser gelebt werden wird, je weniger Sinn es hat». Nichts hat irgendeinen Sinn – na und? Und wenn es nun das wäre, «das unvermeidliche Glück»? Im Gegensatz zu Sartre, der die Auszeichnung sieben Jahre später in snobistischer Weise ablehnt und ihr damit Bedeutung verleiht, nimmt Albert Camus den Nobelpreis gerade deswegen an, weil er sich darüber lustig macht. Man kann auf das Universum pfeifen und es trotzdem annehmen, ja sogar lieben. Oder man muss sich sofort umbringen, gibt es doch «nur ein wirklich ernstes philosophisches Problem: den Selbstmord».

Sogar Camus' Tod ist absurd. Dieser Playboy, ein Doppelgänger von Humphrey Bogart, hatte zwar Tuberkulose, wurde aber mit siebenundvierzig Jahren unter Mittäterschaft von

Michel Gallimard und einem Facel Vega Cabriolet von einer Platane am Rand der Route Nationale 6 zwischen Villeblevin und Villeneuve-la-Guyard getötet.

Das Einzige, was nicht absurd ist, ist der Stil, den Camus erfunden hat: kurze Sätze («Subjekt, Prädikat, Objekt, Punkt», schrieb Malraux in seinem Kommentar an den Verleger), ein trockener, neutraler Stil im Perfekt, der alle Autoren der zweiten Hälfte des Jahrhunderts einschließlich des Nouveau Roman stark beeinflusst hat. Was nicht heißt, dass es keine starken Bilder gibt – zum Beispiel die Beschreibung der Tränen auf Perez' Gesicht: «Sie breiteten sich aus, flossen wieder zusammen und bildeten einen Wasserfirnis auf diesem zerstörten Gesicht.» Auch wenn man ihn in der Schule ein bisschen zu ausführlich durchgenommen hat, muss man ihn noch einmal lesen, *Der Fremde,* dessen sonnige Verzweiflung, wie die Werbung es von «La Suze» behauptet, «oft kopiert, doch nie erreicht» wurde. Albert Camus' freundlicher Humanismus kann einen zuweilen anöden, nicht aber sein messerscharfer Stil.

Liegt nicht eine leichte Ironie darin, wenn in dem Moment, da die letzte Inventur vor dem Totalausverkauf zum Abschluss kommt, da das Ende der Welt seelenruhig naht und der Mensch lächelnd seinen Untergang organisiert, ausgerechnet Camus den ersten Platz (beziehungsweise den letzten, wenn man rückwärts zählt) einnimmt, er, der uns erklärte, das Geheimnis des Glücks bestünde darin, sich mit allen Katastrophen abzufinden?

«DEN GROSSEN KRITIKERN MIT DANK DIE BIBLIOGRAPHIE»

Dominique Aury, *Lecture pour tous*, Gallimard

Stan Barets, *Le Science-Fictionnaire*, Denoël

François Bott, *Sur la planète des sentiments*, Le Cherche-Midi

Jacques Brenner, *Mon histoire de la littérature française contemporaine*, Grasset

André Brincourt, *Les Écrivains du XXe siècle*, Retz

Bernard Frank, *En soixantaine*, Julliard

Jérôme Garcin, *Le Dictionnaire de littérature française contemporaine*, François Bourin

Kléber Haedens, *Une histoire de la littérature française*, Grasset

Laffont-Bompiani, *Dictionnaire des auteurs*, «Bouquins» Laffont

Laffont-Bompiani, *Nouveau dictionnaire des œuvres*, «Bouquins» Laffont

Marc Lambron, *Carnet de bal*, Gallimard

Linda Lê, *Tu écriras sur le bonheur*, PUF

Javier Marias, *Geschriebenes Leben*, dt. von Carina von Enzenberg, Klett-Cotta 2001

Renaud Matignon, *La Liberté de blâmer*, Bartillat

Paul Morand, *Mon plaisir … en littérature*, Gallimard

Roger Nimier, *Journées de lecture*, Gallimard

Pascal Pia, *Feuilletons littéraires*, Fayard

Angelo Rinaldi, *Service de presse*, Plon

Olivier Rouy, *Les Années roman*, Flammarion

Philippe Sollers, *La Guerre du goût*, Gallimard

DANK AN:

Alexandra Golovanoff (Produzentin der Sendung LES 50 LIVRES DU SIÈCLE)
Jean-Baptiste Jouis (damaliger Programmdirektor bei Paris Première)
François-Henri Pinault (und der FNAC)
Xavier Pujade-Lorraine (dem Regisseur)

Und außerdem an:
Manuel Carcassonne, Jean-Paul Enthoven und Olivier Nora (die ersten Leser dieser neu geschriebenen und ergänzten Fassung)

ZITATE

Die wörtlichen Zitate entstammen, soweit ins Deutsche übertragen:

Nr. 50: André Breton, *Nadja*, dt. v. Max Hölzer, Suhrkamp 1983, S. 7, S. 16, S. 127

Nr. 48: Alberto Moravia, *Die Verachtung*, dt. v. Piero Rismondo, Rowohlt 1985, S. 5

Louis Aragon, *Aurélien*, dt. v. Lydia Babilas, Claasen 1987, S. 5

Nr. 47: Milan Kundera, *Der Scherz*, dt. v. Susanna Roth, Suhrkamp 1989, S. 41

Nr. 46: Francis Scott Fitzgerald, *Der große Gatsby*, dt. v. Walter Schürenberg, Blanvalet 1974, S. 59

Nr. 45: Georges Bernanos, *Die Sonne Satans*, dt. v. F. Burschell und J. Hegner, Verlag Die Arche 1975, S. 9, S. 334

Nr. 44: Sir Arthur Conan Doyle, *Der Hund von Baskerville*, dt. v. Heinz Kotthaus, in: Sämtliche Sherlock-Holmes-Romane, Bd. 1, Ullstein 1981, S. 420

Nr. 42: Vercors, *Das Schweigen des Meeres*, dt. v. Karin Krieger, mit einem Nachwort von Yves Beigbeder, Diogenes 1999, S. 109, S. 13

Nr. 41: Françoise Sagan, *Bonjour tristesse*, dt. v. Helga Treichl, Ullstein 1957, S. 9, S. 131, S. 16

Nr. 40: Thomas Mann, *Der Zauberberg*, Fischer 2000, S. 670

Nr. 38: Margaret Mitchell, *Vom Winde verweht*, dt. v. Martin Beheim-Schwarzbach, Ullstein 2000, S. 211

Nr. 33: Gabriel García Márquez, *Hundert Jahre Einsamkeit*, dt. v. Curt Meyer-Clason, Kiepenheuer & Witsch 1979, S. 14

Nr. 32: Albert Cohen, *Die Schöne des Herrn*, dt. v. Helmut Kossodo, Klett-Cotta 1983, S. 9

Nr. 30: André Gide, *Die Falschmünzer*, dt. v. Christine Stemmermann, DVA 1993, S. 84

Nr. 28: James Joyce, *Ulysses*, dt. v. Hans Wollschläger, Suhrkamp 1976, S. 1015
Virginia Woolf, Ges. Werke, Tagebücher 2, dt. v. Claudia Wenner, S. Fischer 1994, S. 293 f.

Nr. 27: Vladimir Nabokov, *Lolita*, dt. v. H. Hessel, M. Carlsson, K. Kusenberg, H. M. Ledig-Rowohlt, Gregor von Rezzori, bearbeitet v. D. E. Zimmer, Rowohlt 2001, S. 89

Nr. 26: Marguerite Yourcenar, *Die schwarze Flamme*, dt. v. Anneliese Hager, René Chaval, Bettina Witsch, C. Hanser 1991, S. 11

Nr. 23: Goscinny und Uderzo, *Asterix der Gallier*, dt. v. Gudrun Penndorf in der Bearbeitung von Adolf Karatek, Egmont Ehapa Verlag 1999, S. 3

Nr. 21: Aldous Huxley, *Schöne neue Welt*, dt. v. Herbert E. Herlitschka (1953; rev. 1981), Fischer 2000, S. 13

Nr. 20: Claude Lévi-Strauss, *Traurige Tropen*, dt. v. Eva Moldenhauer, Suhrkamp 1999, S. 9

Nr. 19: Anne Frank, *Tagebuch*, dt. v. Mirjam Pressler, Fischer 2001, S. 233, S. 278

Nr. 17: Guillaume Apollinaire, *Alcools*, Gallimard 1971. Die zitierten Zeilen (dt. v. J. Gräbener-Müller) stammen aus den Gedichten: *Nuit Rhénane, Mai, La chanson du mal-aimé, Les colchiques, L'adieu, Le Pont Mirabeau, dass., dass., Vendémiaire, Cortége.*

Nr. 16: Jacques Prévert, *Gedichte und Chansons*, eine Auswahl aus *Paroles*, *Spectacle* und *La Pluie et le beau Temps*,

Nachdichtungen von Kurt Kusenberg, Rowohlt 1971, S. 25

Nr. 14: Umberto Eco, *Der Name der Rose*, dt. v. Burkhart Kroeber, Hanser 1984, S. 26 f.

Nr. 13: Jean-Paul Sartre, *Das Sein und das Nichts*, dt. v. H. Schöneberg u. T. König, Rowohlt 2001, S. 511, S. 761, S. 764

Ders., *Der Ekel*, dt. v. Uli Aumüller, Rowohlt 2001, S. 152

Nr. 11: Simone de Beauvoir, *Das andere Geschlecht*, dt. v. Uli Aumüller, Rowohlt 2000, S. 334, S. 329

Nr. 9: Henri Alain-Fournier, *Der große Meaulnes*, dt. v. Peter Schunck, Reclam 1994, S. 75

Nr. 6: Louis-Ferdinand Céline, *Reise ans Ende der Nacht*, dt. Isak Grünberg, Rowohlt 2001, S. 15, S. 229, S. 536

Nr. 5: André Malraux, *So lebt der Mensch*, dt. v. Ferdinand Hardekopf, Fischer 1959, S. 238

Nr. 4: Antoine de Saint-Exupéry, *Der kleine Prinz*, dt. v. G. und J. Leitgeb, Karl Rauch 2001, S. 98, S. 125

Nr. 2: Marcel Proust, *Auf der Suche nach der verlorenen Zeit*, dt. v. Eva Rechel-Mertens, Suhrkamp 1997, 10 Bde., Bd. 10, S. 3940; Bd. 1, S. 564; Bd. 10, S. 3975

Nr. 1: Albert Camus, *Der Fremde*, dt. v. Uli Aumüller, Rowohlt 1999, S. 7, S. 21

Ders., *Der Mythos des Sisyphos*, dt. v. Uli Aumüller, Rowohlt 2001, S. 72, S. 11

INHALT